理念、制度和技术

我国行政服务机构建设研究
——以佛山市为例

LINIAN、ZHIDU HE JISHU
WOGUO XINGZHENG FUWU JIGOU JIANSHE YANJIU
—— YI FOSHAN SHI WEILI

杨俊凯　著

知识产权出版社
全国百佳图书出版单位
—北京—

图书在版编目（CIP）数据

理念、制度和技术：我国行政服务机构建设研究：
以佛山市为例/杨俊凯著.—北京：知识产权出版社，
2024.9.—（新商智汇·新商科创新与实践丛书）.

ISBN 978-7-5130-9488-7

Ⅰ.D630.1

中国国家版本馆 CIP 数据核字第 2024AY7416 号

内容提要

本书采用"理念、制度和技术"三位一体的分析框架，以佛山市为例，借鉴国际经验研究行政服务机构建设，提出理念重塑是行政服务机构建设的价值前提，制度创新是行政服务机构建设的根本动力，技术变革是行政服务机构建设的重要手段；并认为在行政服务机构建设的实践中，只有这三者之间实现良性互动，形成制度合力效应，才能收到良好的成效，促进行政服务机构建设的可持续发展。

责任编辑：韩　冰　　　　　　责任校对：潘凤越
封面设计：智兴设计室·索晓青　责任印制：孙婷婷

新商智汇·新商科创新与实践丛书

理念、制度和技术：我国行政服务机构建设研究
　　——以佛山市为例

杨俊凯　著

出版发行：知识产权出版社 有限责任公司	网　　址：http://www.ipph.cn
社　　址：北京市海淀区气象路 50 号院	邮　　编：100081
责编电话：010-82000860 转 8126	责编邮箱：83930393@qq.com
发行电话：010-82000860 转 8101/8102	发行传真：010-82000893/82005070/82000270
印　　刷：北京中献拓方科技发展有限公司	经　　销：新华书店、各大网上书店及相关专业书店
开　　本：720mm×1000mm　1/16	印　　张：15.25
版　　次：2024 年 9 月第 1 版	印　　次：2024 年 9 月第 1 次印刷
字　　数：202 千字	定　　价：98.00 元

ISBN 978-7-5130-9488-7

前 言

改革开放的不断深入和经济水平的大幅提升，促使我国社会发生了深刻而又复杂的转型；而信息技术的发展、互联网的运用和普及，又使我国步入了信息社会。各级政府充分利用各种信息资源，促进经济社会的协调发展，需要大力加强行政服务机构建设，努力推进服务型政府的构建。

本书尝试综合运用我国行政服务的思想和西方公共行政主要理论，采用"理念、制度和技术"三位一体的分析框架，以佛山市为例，对我国行政服务机构的建设和发展进行了深入的研究，提出了对我国行政服务机构建设的理论研究和实践探索的学理思考。

本书认为，在行政服务机构建设过程中，理念重塑是先导，制度创新是根本，技术变革是手段。三者虽在总体上有时序之先后，领域之分隔，但也不是绝对分离的。三者在时序上既有历时性，又有共时性；

在领域和范围上既有独立性，又有交融性；在行政服务机构建设的实践中，只有这三者之间形成良性互动，相互促进，相互推动，循序渐进，达成交融共生，形成合力效应，才能收到良好的成效，促进行政服务机构建设健康和可持续发展。

在我国行政服务机构建设和发展的进程中，无论是理念的重塑，还是制度的创新，或是技术的变革，最后都要达到一个终极的目标——构建服务型政府，实现为人民服务。而在行政服务机构建设的实践中，中央政府应协调全国各地各级政府的行政服务机构的建设和发展，以确保我国行政服务机构建设持续、稳步、健康地发展；地方政府对此应有自己的通盘考虑、统筹兼顾和周密部署，结合党和国家宏观的发展战略和具体的精神指示，以及自身的客观实际和发展态势，适时做出动态调整和机构优化，以改革和创新的姿态积极推进行政服务机构建设。

本书具体结构如下：

第1章导论。结合我国社会转型和信息社会的基本特质，揭示我国行政服务机构建设的研究背景，概括分析其必然性和必要性，并在对国内外行政服务机构建设的相关研究进行文献综述的基础上，提出本书的核心概念与分析框架、核心问题与研究思路、研究方法和创新之处。

第2章行政服务机构建设研究的理论资源。在导论文献综述和问题揭示的基础上，寻求行政服务机构建设研究的相关理论资源：一方面从中西方有关行政服务的代表性思想中探寻我国行政服务机构建设研究的思想来源；另一方面从西方公共行政发展史上与行政服务有关的代表性理论中探寻我国行政服务机构建设研究的理论基础。

第3章概念范畴与分析框架。本章重点对本书的核心概念和相关概念进行揭示、比较和分析，在此基础上提出本书的分析框架——"理念、制度和技术"三位一体的整合框架，并结合我国行政服务机构建设的实践与困境、研究的困惑与思考，分析该研究框架对本研究的适用性。

第4章佛山经验：我国地方政府行政服务机构建设的案例研究。本章重点结合在导论中揭示的研究背景、提出的概念体系和分析框架，在第2章中探寻的相关理论资源的基础上，结合我国行政服务机构建设的实践和研究现状，以佛山市为例，对佛山市行政服务机构建设的现状进行分析，总结其成绩，分析其问题，从"理念、制度和技术"的视角分析其经验，阐发其启示。

第5章他山之石：国外类似服务机构建设的经验及启示。本章重点探讨行政服务机构建设的国际经验，主要选取美国、英国和新加坡，从理念重塑、制度创新、技术变革三个方面，总结其类似服务机构建设的经验，阐述其对我国行政服务机构建设的启示。

第6章理念重塑：行政服务机构建设的价值前提。本章从分析社会转型与行政理念重塑、政府转型与行政理念重塑的关系入手，提出理念重塑是我国行政服务机构建设的价值前提。在此基础上，重点分析行政理念重塑的基本内容及其重要的理论与现实意义。

第7章制度创新：行政服务机构建设的根本动力。本章从制度建设与制度创新的概念阐释和关系分析入手，提出制度创新是我国行政服务机构建设的根本动力。在此基础上，重点探讨行政服务机构制度创新的基本条件、实现路径、举措和方向。

第8章技术变革：行政服务机构建设的重要手段。本章基于当今世界和当代中国科技发展的背景，简要探讨科技进步与技术变革的关系以及行政服务的技术再造对政府再造的影响和推动。在此基础上，从技术变革与政府信息化、技术变革与政府流程再造、技术变革与电子政府的构建三个方面重点探讨行政服务机构建设中的技术变革问题。最后，揭示技术变革给行政服务机构建设带来的挑战，分析信息化背景下的行政服务机构建设的基本着眼点，展望迈向电子政府的行政服务机构建设的发展前景。

第9章结论与思考。本章针对学术界和理论界对于我国行政服务机构建设的研究提出整体性的理论思考：是单维视角还是多维视角？在此基础上，提出本书的基本结论：理念、制度和技术在行政服务机构建设过程中应该通盘考虑、整合推进，并加强顶层设计。最后，对于本书的不足之处和进一步的研究方向做一个概要性的介绍。

目录

第 1 章

导 论

　　随着全球社会转型的加速和信息社会的到来，近三十多年来，政府改革一直是一种世界性的浪潮。各国政府都试图通过一系列的改革和创新来适应经济社会的发展、环境的变化和回应公众的需求，来解决财政危机、公共危机或者信任危机。① 人类迈入21世纪之后，当世界各国政府热切地寻求社会的良治之策时，一种被普遍叫作"行政服务中心"的行政服务机构，在我国地方政府的改革中悄然诞生并得到不断推广。

　　自从浙江省金华市政府在1999年开设全国首家政府办事大厅以来，地方政府行政服务机构这种新型的政府服务机构的建设就在全国范围内如火如荼地展开了。实践证明，作为地方政府行政改革和制度创新的"急先锋"，地方行政服务中心的建设不仅有助于打破事权分割的传统管理体制，有利于政府服务质量的改善和服务效率的提高，而且受到社会和公众的普遍认同，被喻为"开启中国行政管理体制改革的'敲门

---

　　① 李文钊，毛寿龙. 中国政府改革：基本逻辑与发展趋势 [J]. 管理世界，2010（8）：44-58.

砖'"。① 更为重要的是，中央政府对各地建立各类行政服务机构的改革探索给予了充足的发展空间，国内行政服务机构的数量规模和质量水平在近些年迅速提升。各类行政服务机构几乎覆盖了各级地方政府，并逐渐形成了纵横交错的行政服务网络。党的十九大报告提出，转变政府职能，深化简政放权，创新监管方式，增强政府公信力和执行力，建设人民满意的服务型政府，又为新时期各级行政服务机构建设注入了新的动力。行政服务机构建设作为地方政府机构改革推出的一种创新举措，不仅在改革成果方面反映了政府机构改革的成效，而且在运行机制上为我们建设一套运行通畅、公平合理、服务优化、廉洁高效的政府公共服务供给机制提供了非常积极而有益的改革经验。因此，结合转型社会和信息社会的总体背景以及行政改革和制度创新的当下主题，综合运用行政学、政治学、社会学和经济学等多学科的相关理论，对我国地方政府行政服务机构建设和发展的情况及逻辑进行研究与揭示，既具有重要的学术理论意义，又具有极强的实践指导意义。

1.1　我国行政服务机构建设的研究背景

1.1.1　社会转型与信息社会：行政服务机构建设的总体背景

人类社会历史的发展需要国家和政府的产生，而国家和政府又在秩序的建立和文明的进步方面对社会不断地产生着积极的反作用。任何国

---

① 郑恒峰. 服务行政视野下的我国行政服务中心建设 [J]. 安徽农业大学学报（社会科学版），2008（2）：43-47.

家的政府都要履行政治统治、社会管理和公共服务的职能,因此决定了
政府与社会有着千丝万缕的联系。① 所以,研究我国行政服务机构建
设,必须紧密结合我国国情,密切联系我国社会发展的现实。

首先,随着社会主义市场经济的建立和发展,原有的政府职能体系
和管理方式等应及时予以调整。因此,从社会转型角度研究我国的行政
服务机构建设,不仅具有社会现实基础,而且具有重要的理论价值。

从字面意义来看,所谓转型,就是指事物的运动形式从一种向另一
种转变的过渡状态与过程;而社会转型则是指社会类型从传统型向现代
型转变的过渡状态与过程。这种转变不仅意味着社会系统内在结构的变
迁,而且意味着在生产方式、生活方式、心理结构和价值观念等各方面
也产生了全面而深刻的变革。从总体上看,当代中国的社会转型既是一
种渐进性的社会发展过程,又是一种整体性的社会发展过程。② 作为后
发外生型国家,当代中国的社会转型从表现形式或者说发展途径上体现
为三大特征:一是由外到内。外来的现代因素和内在的传统因素的此消
彼长和交融整合使社会转型呈现出一种现代因素本土化和本土因素现代
化的复杂交织过程。由此,当代中国的社会转型或社会现代化既不是全
盘西化,也不是要与本国传统彻底决裂,而是既经历了一个通过现代因
素的本土化来促进本土因素的现代化的过程,又经历了一个通过外来现
代因素与本土传统因素的共契共容来生成和发展新的本土社会的现代因
素的过程,从而导致其社会类型从传统型走向现代型。③ 二是由表及
里。改革开放以来,我国的社会转型经历了一个三大层面由表及里的发
展过程:第一层面是从器物层面大量引进国外现代化设备、技术及资

---

① 沈亚平,王骚. 社会转型与行政发展 [M]. 天津:南开大学出版社,2005:1.
② 刘祖云. 社会转型解读 [M]. 武汉:武汉大学出版社,2005:6-11.
③ 刘祖云. 社会转型解读 [M]. 武汉:武汉大学出版社,2005:7.

金；第二层面是从制度层面稳步推进经济体制改革；第三层面是从思想文化层面不断加强社会主义精神文明建设。而这三大层面的社会转型不仅是相互联系、稳步推进的，而且是有效促进政府、社会与市场良性互动，物质文明和精神文明协调发展的。当代中国社会转型经历了一个在社会现代化层面上从乡村社会向城镇社会转化、在现代组织管理层面上从家长制向科层制转化的由名至实的社会发展过程。

从社会整体的角度或层面来看，社会转型的具体内容呈现出经济、社会、政治、文化、观念和组织等六大层面的转型。① 现实表明，这六大层面的变革意味着社会转型过程中不可避免地存在纷繁复杂的社会现象和矛盾。人民群众对政府稳步促进经济发展、有效化解社会矛盾、维护社会公平正义、保障公民权利和尊严的要求和期待越来越高，服务型政府建设的任务越来越重、难度越来越大。面对新形势、新任务和新要求，如何加强行政服务机构建设，充分发挥政府职能，有效回应社会关切，既是我国政府公共性的应有之义，也是转型期我国政府必须担当起的社会责任和时代使命。

其次，我国已步入信息社会，科技进步和技术变革、网络的发展和使用，给政府管理既带来了空前的机遇，又提出了严峻的挑战。

广播、电视、互联网和其他电子媒介的出现，特别是信息技术的发展、互联网的运用和普及，不但骤然缩短了人们之间的时空距离，而且让人们更加便捷地交往，更为紧密地互动，虚拟社区以惊人的速度增加，整个世界几乎紧缩成一个"地球村"。在此过程中，网络生态得到催生并不断加速发展。

作为一种建立在计算机互联网基础之上，以现代信息技术为核心的

---

① 刘祖云. 社会转型解读 [M]. 武汉：武汉大学出版社，2005：13-15.

新的经济形态，网络经济是信息社会中知识经济的一种具体形态，它具有快捷性、高渗透性、自我膨胀性、边际效益递增性、外部经济性、可持续性和直接性等特征。① 这种新的经济形态，不仅以极快的速度影响着社会经济与人们的生活，而且给政府管理带来了空前的机遇，提出了严峻的挑战。

自我国加入世界贸易组织之后，广大企业在全球市场上与国外企业展开激烈的竞争。用现代化信息技术把企业"武装"起来，用现代化信息技术对传统产业进行改造，发展知识经济、网络经济和高新技术产业成为我国发展新经济、开拓新局面的一种必然选择。伴随着通信技术的不断发展和互联网的逐步普及，特别是电子政务在全球的发展和推行，很多地区的市民热线和政务微博不断开通，开始影响着人们的生活。

网络以其传播速度的快捷性、传播范围的广泛性、民意表达的自由性、网络言语的民主性和公开性成为普通公民参与政治的重要技术基础。② 通过网络进行政治参与已经成为当代中国社会日渐普遍的政治现象，并对推动政治参与水平和促进民主化进程发挥着重要作用。③ 网络政治参与正在成为一种新型的政治参与形式，给我国民主政治生活带来了新的挑战和机遇。④ 国内一些知名的政治性论坛，如人民网的强国社区和强国论坛、新华网的发展论坛、央视网的网评天下、中国政府网的政务互动，以及各地方政府网站开设的意在征集政府意见的各种论坛等，为普通公民提供了重要的交流平台，发挥着重大作用。对于政府来

---

① 芮晓武，刘烈宏. 互联网金融蓝皮书：中国互联网金融发展报告（2013）[M]. 北京：社会科学文献出版社，2014：23-25.

② 齐百健. 网络政治参与问题及对策 [J]. 党政干部学刊，2009（2）：43-46.

③ 刘远柱. 公民网络政治参与和政府管理创新 [J]. 学习论坛，2008，24（9）：54-56.

④ 齐百健. 网络政治参与问题及对策 [J]. 党政干部学刊，2009（2）：43-46.

说，各级政府及部门依托互联网，政务博客不断兴起，网络问政风生水起①。这些不仅帮助政府打开了更为深入和广泛了解社情民意的"窗口"，也丰富了汇集民智、疏导民意、增强社会和谐的渠道；同时对政府管理模式、政府管理组织和政府管理文化等诸多方面的创新和发展提出了新的要求和挑战。

本书从"理念、制度和技术"这一三位一体的分析框架出发，借鉴国际经验，结合佛山案例，对我国行政服务机构建设进行深入研究，总结多年来我国行政服务机构建设的规律和逻辑，对于我国构建数字型和服务型政府、促进和谐社会建设具有重要的现实意义。

1.1.2 行政改革与制度创新：我国行政服务机构建设研究的当下主题

行政服务机构的建设和发展是政府转型、行政改革实践探索以及理论研究的热点问题之一。近年来，以人民需求为导向、以"一站式"服务为特征的行政服务机构，虽然各地称谓不一②，但已成为地方政府创新的重要模式和平台，形成了当代中国政府改革的一道亮丽的风景

---

① 网络问政，就是政府通过互联网做宣传、做决策，了解民情、汇聚民智，以达到取之于民，用之于民，从而实现科学决策、民主决策，真正做到全心全意为人民服务。近年来已成为一些地方政府的执政新风。

② 赵永伟，唐璨. 行政服务中心理论与实践 [M]. 北京：企业管理出版社，2006：8-10. 该书中指出与"行政服务中心"类似的行政服务机构的名称有20种之多，常见的主要有"政务超市""行政审批服务中心""投资管理服务中心""社会服务中心""便民服务中心""人民办事中心""办事服务中心""公共服务中心""政务大厅""政务办事中心"，不过从现有的研究文献来看，以"行政服务中心"和"政务服务中心"命名的最多，本书则使用了一个更为整合的概念——行政服务机构，但仍会视具体情况和研究文本表达的需要，适时地使用"行政服务中心"和"政务服务中心"的概念。

线。有研究者曾以经济全球化为背景，分析了加入世界贸易组织对我国的影响，认为成熟市场经济所体现出的政府理念、政府管理体制、政府管理方式和方法都将逐步地然而又是不可改变地在我国得到落实；并进一步指出我国政府的改革目标必然是服务型政府。① 还有研究者认为行政服务中心的出现是我国地方政府改革的有益尝试，是在国际和国内政治、经济环境发生深刻变化的背景下产生的，行政服务中心是我国地方政府在治理模式上的重要创新，它实现了政府管理方式的重大变革，取得了良好的经济和社会效益。② 而来自媒体的研究者认为创建行政服务中心，是政府为民办实事的重要体现，是深化行政审批制度改革，促进政府职能转变，切实转变机关工作作风，改善投融资软环境，提高行政效能，促进依法行政，从源头上预防和遏止腐败，建立高效、务实的服务型政府的重要举措。③ 还有研究者认为我国行政服务中心推广在组织结构变革、组织流程再造、组织机制创新和组织文化创新等方面为我国大部门体制建设积累了十分丰富的经验。④ 更有研究者以社会主义和谐社会的构建为背景，认为加强行政服务中心建设是推进政务公开工作的需要，是适应我国行政管理体制改革的需要，是创新行政服务机制的有效途径。⑤ 因此，选择我国行政服务机构作为本书的研究对象，可以直

---

① 刘熙瑞. 服务型政府：经济全球化背景下中国政府改革的目标选择 [J]. 中国行政管理，2002（7）：5-7.

② 潘迎春. 行政服务中心与政府治理创新：以焦作市解放区行政服务中心为例 [J]. 理论月刊，2005（6）：94-96.

③ 陈铭勋. 遏制腐败 建设高效 务实行政 树立新风：泉州市行政服务中心为八闽创标杆 [J]. 发展研究，2007（2）：27-30.

④ 段龙飞. 论大部门体制建设中的本土化策略：来自我国行政服务中心的经验 [J]. 经济体制改革，2008（6）：130-134.

⑤ 李维员，裴斐. 构建社会主义和谐社会与加强行政服务中心建设 [J]. 新东方，2006（10）：19-22.

接触及当前利用大数据和网络通信技术来构建数字型、智慧型和服务型政府建设的现实，从而也切入了公共行政学研究的当下主题。

1.2 我国行政服务机构建设研究的多维视角

1.2.1 国外研究综述

20 世纪 80 年代以来，随着新公共管理思潮的倡行，世界各国在采取为公民做好服务的措施方面，无不上了一个新台阶。与此相适应，各种服务组织更加完善。例如，20 世纪 60 年代开始已有很多国家探索建立一种"一站式"的行政服务机构，其名称有的叫"服务中心"，有的叫"政务超市"，还有的干脆就叫"便利店"。到 20 世纪 80 年代，它已经在德国、荷兰、瑞士等国得到推行。20 世纪 90 年代以来，这种"一站式"的行政服务机构在各国得到了更广泛的发展。可见，建设"一站式"行政服务机构已是一个普遍趋势。国外学者就这类新型的行政服务机构及其相关问题的研究主要集中在以下几个方面。

首先，就新型的行政服务机构的建设必要性所展开的研究。从国外类似行政服务机构的发展情况来看，它们被纳入整个国家的"一站式"政府的发展战略之中，因而我们在分析国外行政服务中心的类似机构时，会发现它经常与"一站式"政府的概念联系在一起。1997 年，美国一份研究报告就认为"一站式服务提供了一个强有力的解毒剂。在一站式范式之下，一个顾客所有的业务都能够在一个单一的接触中完成"。学者卡伦和本特根据"一站式"政府设立的目的是简单的信息"入口"，还是能够提供更多相关"服务"的标准，对"一站式"政府进行了划分。值得指出的是，他们在分析"一站式"政府的种类时均强调公共服务一体化供给的两种不同方式，即通过实体地点和虚拟地点来实现公共服务的"一站式"。也就是说，"一站式"政府并不是一个完全依靠虚拟网络来完成公共服务供给的政府。国外类似行政服务机构的实体服务大厅在"一站式"政府建设过程中的作用也具有同等重要性。学者本特还按照另一个维度——服务传输的渠道，将"一站式"政府分为实体地点、网络、服务亭和呼叫中心等几种形式。其中，实体地点即指通过传统的行政办公场所或其他实体机构重组的方式，来为公民提供所需的公共服务，如"政务超市"。同样，在澳大利亚堪培拉的"一站式"政府的建设过程中，也强调由服务前台、呼叫中心和网络服务等方式相结合的新型"一站式"政府，例如其负责人强调"政府服务前台形式将作为公共服务传递的有效形式而存在"，而且判断将会出现更多特殊形式的政府服务前台来提供更多、更复杂的公共服务。这些政府服务前台的作用与我国行政服务中心的作用极为相似。上面的有关分析，一方面说明了国外类似行政服务机构的建设与整个国家的"一站式"政府的发展战略具有密切相关性，另一方面说明了类似行政服务机构的建设在政府提供公共服务方面的必要性。

其次，关于国外类似行政服务机构的基本宗旨的研究。虽然国内外对行政服务中心的称谓存在一定的差异，如公民办公室（Citizen's Office）、政府服务中心（Government Service Centers）、单窗口服务（Single-Window Service）、公共柜台（Public Counter）、前台（Shopfront）等，但是有关它们建设的基本指导思想具有很大的相似性。国外许多学者就类似行政服务机构建设的基本指导思想进行了讨论。如学者库彼克和哈根就认为政府公共服务一体化供给模式是公共行政改革和研究领域里的一个全新的模式。公共服务一体化供给思想就是类似行政服务机构这种新型服务机构创建的初衷，即要打破传统官僚制下的部门分割思想和改变公民在不同的部门之间来回奔波的办事局面。学者威玛和科雷纳也认为"一站式"政府就是为用户——所有的顾客提供一体化的公共服务。它允许公民、企业和其他机构能够拥有 24 小时的全方位公共服务，无论他们在自己家里，还是在办公室或者是移动中。学者萨德也认为"一站式"政府的理念比较受欢迎，并指出它的基本思想是一个投资者只需要接触单一实体机构就能够完成他所需的文书工作，整个办事过程是一个流线型和合作型的过程，而不是让公民在不同政府部门的"迷宫"中来回奔波。澳大利亚管理咨询委员会（Management Advisory Committee）2004 年所编写的《连接政府——整个政府对于未来关键挑战的回应》的报告显示，"一站式"商店最早出现在 25 年前的库姆斯报告中，主要是反映了 20 世纪 80 年代横扫所有部门的以"顾客"为中心的变革，到 20 世纪 90 年代，这一概念又被重新提起。人们认为"一站式"商店的主要特征为以顾客为中心（Common Client Base），追求效率（Opportunities for Efficiencies），通过无缝隙的服务使公民和政府获得实惠（Benefits to Clients and Government by Offering a Seamless Service）。

从上述众多国外学者的研究来看，虽然他们将类似行政服务机构的研究纳入整个国家的"一站式"政府的研究范围之内，但同时他们都强调了类似行政服务机构这类实体地点的公共服务供给机构在整个政府公共服务改革中的重要性。

最后，国外类似行政服务机构所面临的挑战。学者萨德在分析这种新型的一体化公共服务供给模式时，认为类似行政服务机构如果没有一个无所不包的权限（All-Embracing Authority），是很难从根本上实现行政服务一体化的。这些分管不同行政程序的政府部门是"一站式"服务的重要阻力之一。学者库彼克和哈根认为在建设类似行政服务机构的过程中可能会遇到以下几个方面的阻碍：缺乏组织的合作，缺少合法的规章，技术因素，人员因素，适当数量的资金等。还有学者就类似行政服务机构的发展策略进行研究，认为类似行政服务机构的建设应该与一个国家整体的"一站式"政府建设同步进行，要充分发挥信息技术在发展类似行政服务机构中的作用。学者卡洛斯在分析瑞典和德国等国的地方政府集中服务机构的发展历程时，认为在地方政府将广泛的服务集中在公民办公室这类机构的过程中，信息技术发挥了重要作用。学者施龙和曼斯还将客户关系管理理论应用到"一站式"政府的建设中，并强调"将公民结合进来是非常重要的"。可以说，这些学者就国外类似行政服务机构所面临的问题、所需要的各方面支持以及公民参与等方面的探讨，对于本研究有非常大的启发。

国外有关政府治理与改革方面的研究成果，也给本研究提供了一定的参考。美国的公共管理大师彼得斯从分析传统行政模式出发，从各国政府的革新主张和政府改革实践中，归纳出四种未来政府治理模式，即市场式政府（强调政府管理市场化）、参与式政府（主张对政府管理有更多的参与）、弹性化政府（认为政府需要更多的灵活性）、解制型政府（提出减少政府内部规则）[①]。20 世纪 90 年代，美国学者林登在通用公司执行总裁杰克·韦尔奇"无界限组织"的基础上创造了"无缝隙组织"的概念，并系统性地提出了无缝隙政府理论，强调无缝隙政府不是全盘推翻现有的行政运作程序，不是以部门、职能为导向或以数量、规模为导向，而是以顾客为导向，以结果为导向，以竞争为导向。澳大利亚学者麦基则借鉴智利、哥伦比亚和澳大利亚等国建立政府监控

---

① 彼得斯. 政府未来的治理模式［M］. 吴爱明，夏宏图，译. 北京：中国人民大学出版社，2001.

与评估系统的成功经验，列举了强化政府监控与评估系统及其需求的各种途径，阐释了进行国家诊断和准备行动计划的重要意义，回答了关于监控与评估的一系列难题。美国学者芳汀等通过广泛研究，在阐释美国政府部门如何进行调整以充分挖掘电子政务潜力的基础上，证明政府改革真正的挑战不在于构建电子政府的技术能力，而在于克服政府内部根深蒂固的组织性分歧和政治性分歧。美国学者戈德史密、埃格斯在解释和分析网络化治理的基本含义、主要优势和面临的挑战的基础上，深入研究了网络化治理的设计网络、连接纽带、责任困境和能力建设，最后展望了网络化治理的未来之路。他们认为正如 20 世纪是庞大的公共官僚机构的世纪，21 世纪将是公私协作的网络化世纪。在网络化和信息化日益广泛和普遍的背景下，人类面临许多新的挑战，应对挑战的方式也比以往更加纷繁复杂，这就需要出现新的治理模式——网络化治理。

1.2.2　国内研究现状

面对经济全球化的趋势，加入世界贸易组织（WTO）后，我国政府承受着国际竞争日益加剧和国内经济社会转型的双重压力，改革与创新已经成为一种世界性的潮流。有关政府改革和政府治理的研究也开始兴盛起来。20 世纪 90 年代以来，以"一站式"服务为特征的行政服务中心的建设与发展，在全国各地可谓风起云涌，成为地方政府创新的重要模式之一。然而，在缺乏系统性理论指导的背景下，行政服务机构建设面临着多重困境。

我国建设行政服务机构的探索始于改革开放之初，但比较自觉地建立综合服务中心，则是 1999 年。是年，浙江省金华市设立全国首家综合性的行政服务机构。自此以后，在各级党委和政府的领导与支持下，这种"一站式"的行政服务机构在全国得到广泛推行，上有某些部委的行政审批综合办公大厅，下有各省、市、县、乡镇政府的行政（政务）服务中心。

作为理论研究者，应该积极探寻多年来我国地方行政服务机构建设和发展的内在逻辑和规律，并提升至理论的高度，给行政服务机构建设实践领域的决策者以理论启发，也给其他的理论研究者以全新的学术思考。

作为一种新生事物，各地行政服务中心的成立基本都是地方政府自发的创新之举。尤其在其产生及发展的初期，无论是实务界，还是学术界，都对其缺少充分的关注和研究，比较系统和深入的研究更不多见。这方面的研究成果大体可分为两类：一是实务工作者的工作交流研讨和新闻媒体的分析报道，多局限于简单的工作总结与研讨，或一般的现象描述和个案研究。二是部分学者和专家运用西方相关理论对这一现象进行分析和研究。这些研究涉及行政服务机构建设的多个方面，本书仅从以下几个方面进行简单的梳理。

1. 关于行政服务中心出现的背景和成因方面的研究

一般认为行政服务中心的出现与世界范围内的新公共管理运动有密切联系。学者孔靓认为，"政务超市"是"新公共管理理论的政府改革模式"。学者赵定涛认为，随着我国改革开放步伐的进一步加快，沿海各地为了吸引外资，改善投资环境，采取了多种措施，设立了行政服务中心。学者张建认为，行政服务中心的出现是与我国行政审批制度改革相一致的，在行政审批制度改革中，为减少行政审批环节、规范程序、提高效率、强化服务、加强监管、明确责任，我国不少地方政府都设立了行政服务中心，实行窗口服务制。来自政界的研究者陈翔运用相关理论，把地方行政服务中心置于从官僚制到新公共管理的理论和实践的历史演变中来把握，他认为地方行政服务中心是一种克服官僚体制不足、吸收新公共管理模式优点的政府创新。地方行政服务中心的实践者杨四震认为，行政服务中心、行政许可法与行政审批制度改革之间有着必然的内在联系，行政审批制度改革加速了行政许可法的出台和行政服务中心的诞生，而行政许可法和行政服务中心的出现不仅丰富了行政审批制度改革的内容，而且进一步深化了这一改革。

2. 关于行政服务中心的功能和绩效方面的研究

学者杨树人认为，行政服务中心的审批"一站式"在适应市场经济需要、应对加入 WTO 后面临的挑战，特别是在反腐倡廉方面有着重要功效。学者俞可平认为，"政务超市"大大方便了居民百姓的生活，改变了公务人员的精神面貌，提高了政府的办事效率，是基层政府转变职能的一种很好的创新形式，具有重要的社会意义和推广价值。学者周汉华认为，行政服务中心在很多方面是一种革命性变革。学者谢军认为，行政服务中心为实现"文明行政""阳光行政"，构筑了一个有效的载体，也为行政伦理的建设开辟了新的平台。学者张祝平就行政服务中心对于行政伦理建设的作用做过如下评述："政务超市"体现了亲民、便民、利民、为民的宗旨，体现了现代行政理念，为行政伦理的建设构筑了很好的平台。学者张霁星认为，行政服务中心对改善政社关系、干群关系意义重大，促进了政府职能转变和行政管理体制改革，对建设法治政府、从源头上预防和遏制腐败意义重大。学者申建军、刘智勇等以北京市为样本，具体分析不同层级政府（包括行政部门）行政服务改革的理念、职能及其与社会、市场的关系和行为模式，以期更好地推进行政服务体系建设，为实现地方公民和社会的公共福祉提供应然性和可行性的工具，力求从功能论的视角和应用性层面出发，在充分吸收国内外行政服务理论和实践的基础上，探讨我国政府行政服务体系建设的内在动力、现实要求和具体方略，试图回答前述一系列亟待解决的问题。

3. 关于行政服务中心发展中的问题和困境方面的研究

学者吴爱明、孙垂江在论及我国公共行政服务中心的困境与发展时，指出行政服务中心面临着许多思想困境、制度困境和现实困境。学者陶军认为，"一站式"服务的"窗口不经济"，主要表现在窗口摆设化、窗口与职能部门间是互补关系而非替代关系。学者郭济认为，各地行政审批服务机构发展尚不平衡。学者张霁星认为，行政服务中心的建立，仅仅实现了审批场所的物理集中，而不是实质意义的审批集中，进驻中心的各部门与后方单位仍是一种"前店后厂"的关系，削弱了行政服务中心的实际意义。

4. 关于行政服务中心发展对策和趋势方面的研究

学者杨树人认为，针对行政服务中心所存在的问题，可以从以下几个方面来努力：加强制度建设，对"一站式"服务体制进行必要的规范；注重服务人员队伍建设，提高从业人员的素质；完善监督制约机制，防止服务人员滥用和怠于行使职权；加强办公设备的自动化、现代化建设，进一步提高服务效率；完善行政审批程序立法，从源头上对审批权的行使进行控制等。学者姜晓萍提出了完善行政服务中心的对策：对行政服务中心进行合理定位，明确中心的职责及管理权限；对审批窗口充分授权，使窗口有职、有权、有责；加强行政服务中心监督体制的完善；完善行政服务中心财务管理制度；建立科学合理的审批运行机制；完善行政服务中心的电子政务建设。学者陈时兴认为，行政服务中心是在原有行政审批制度基础上的一种派生制度安排，必须对其科学定位、整合权责关系、构建监督机制。段龙飞所著的《我国行政服务中心建设》一书作为国内系统介绍我国行政服务中心建设的著作，详细地分析了我国行政服务中心建设的理论基础、背景及动因、组织创新、面临的问题和发展对策，并对我国行政服务中心的下一步发展趋势进行了有效的预测。学者赵永伟、唐璨则从多维视角对行政服务中心的理论和实践进行了系统研究，还特别从行政法学的角度对行政服务中心模式进行了研究，包括虚体型、协调型、实体型、综合型等模式，得出综合型行政服务中心模式应为理想模式的结论，并提出了若干对策。来自政界的研究者陈翔认为，地方行政服务中心进一步发展的最大问题和挑战，就是如何依法有效地处理好政府后台与行政服务中心前台的关系，建立起合理而有序的分工协调机制和制度安排。他从机构定位、组织结构、业务流程、电子政务、再造群体、组织文化等六大变量出发，对安徽省行政服务中心建设体系进行了实证分析，同时，在考察国内外"一站式"服务机构建设经验的基础上，通过对地方行政服务中心国际国内视野的比较研究，给予地方行政服务中心机构和职能明确定位：一个在部门职能分工基础上发挥集中办公、集成职能、集聚服务优势的"跨职能团队"和综合行政服务机构。其根本出路在于必须在我国行政体制改革、建设服务型政府的大视野中，全面提升制度化水平，推进体制机制和组织结构的变革，从而建立起在依法行政和科学分权框架下的支持流程型服务的"基础结构"，并在发展定位、政治支持、法治保障、体制与流程再造结合、科学分权、电子政务、行政文化等方面提出了若干对策。此外，基于对行政服务中心这一地方政府创新的总结，对推进政府转型、建设服务型政府做出了自己的思考。

5. 关于行政服务中心计算机技术及其应用方面的研究

这方面的研究主要是从电子政务及其技术应用的角度展开的。例如，葛晓滨和汪海威的《行政服务中心计算机系统的规划与实施模式》、李和林的《晋城市行政审批中心电子政务网络设计原则》、张二峰和徐宏兰的《行政服务中心文件信息检索系统的设计及实现》等，这些文献基本上都是从纯技术的角度展开的研究。

综上所述，理论界对行政服务机构建设的关注和研究总体趋向越来越深入，许多研究对其发展背景、现状、特征及意义进行了描述和分析，并针对出现的问题提出了一些有价值的解决对策，但这些研究多为简单归纳或个案解释性的研究。这些研究概括起来基本上呈现出三种研究视角：价值主义的视角、制度主义的视角、技术主义的视角。因此，总体而言，对于行政服务中心的研究，零散研究较多，系统研究较少；重复性研究较多，独特性研究较少；进行简单现状描述的研究较多，进行全面理论提升的研究较少；问题对策型的研究较多，学理解释型的研究较少；单维视角的研究较多，多维视角整合的研究较少。从总体上看，少有对地方行政服务机构建设比较全面深入的实证研究，对行政服务机构功能定位、建设逻辑、运行规律和未来发展方向还缺乏富有说服力的结论。这说明，从整体来看，学界对此问题的研究尚处于探索的阶段，需要进一步的理论提升，需要理论结合实践，进一步运用多学科的理论和方法展开更为系统的、有价值的研究。

1.3 选题依据与基本思路

1.3.1 选题依据与问题提出

行政服务机构作为一项政府的创新举措，一直是在社会的赞誉和质疑声中发展壮大的。随着这一创新实践的深入，各种行政服务机构面临着各种各样的矛盾和困惑，主要涉及机构定位、部门协作、流程再造、电子政务、服务绩效、社会认同、管理模式等不同方面。人们议论的焦点在于：为什么要设立各种行政服务机构？是"一站式"服务还是"多站式"服务？是权宜之计还是长久之策？其实质在于这种在政府现行架构之外增加一个服务前台的模式，是弥合服务缝隙，还是扩大服务缝隙？问题归结到一点，就是行政服务机构如何定位、如何建设？行政服务机构的建设在现实中出现了什么问题，存在哪些困境和障碍，应该遵循什么建设逻辑？在借鉴西方公共行政学理论的基础上，结合国内外的实践，通过深度的个案调查和实证研究探寻我国行政服务机构的建设和发展的规律和逻辑，是我们必须认真回应的问题，也是提出本选题的重要原因所在。

本书把地方行政服务机构放在转型社会和信息社会的背景中进行分析，以广东省佛山市行政服务机构建设和发展的实践为例，且把它置于国际国内比较的视野，努力探寻我国地方政府行政服务机构的建设和发展的规律和逻辑，从理念、制度和技术三个维度把它提升到一个学理的高度，以期对行政改革研究做出一点理论贡献，因而它应该具有一定的学术创新意义。

本书试图通过对广东省佛山市行政服务机构建设和发展的实践进行深度的考察，获得富有价值的第一手资料，并结合国内外的行政服务机构建设和发展的经验，力求通过行政服务机构建设的三个维度——理念、制度和技术的实证研究，探寻我国行政服务机构建设的发展规律和逻辑，并对整体推进建设服务型政府做出有价值的学理思考，不仅对于地方政府创新，特别是地方政府行政服务机构的建设和发展具有一定的理论和实践指导意义，而且对于从国家层面进一步推动地方政府管理创新具有一定的决策参考价值。

1.3.2　研究思路与基本框架

本书的研究思路是，首先，把行政服务机构置于转型社会和信息社会的背景下，探讨我国行政服务机构建设的必然性和必要性，并结合地方行政服务中心建设实践中的问题和研究中的困惑提出本书研究的基本问题：地方行政服务中心在建设和发展历程中呈现出一种什么样的逻辑和规律？按照这样的逻辑和规律发展取得了哪些成绩？还存在什么问题？这些成绩和问题的原因是什么？下一步又该如何建设和发展？其次，从中西方行政服务的代表性思想和理论中寻找本研究的理论资源，进而对本研究的相关概念和范畴进行解释，尝试性地提出本研究的分析框架：理念、制度和技术。再次，通过参与式研究和扎实的深度个案考察，以广东省佛山市行政服务机构建设实践为例，努力探寻地方行政服务中心的建设和发展的规律和逻辑，且把它置于国际国内比较的视野，从理念、制度和技术三个维度把它提升到一个学理的高度。最后，结合上述研究，对学术界关于地方政府行政服务机构建设的研究进行整体性的学术思考，并总结归纳出自己的研究结论，同时指出本研究的不足之处和进一步的研究方向。

本书的具体结构如下。

第 1 章导论。结合我国社会转型和信息社会的基本特质，揭示我国行政服务机构建设的研究背景，概括分析其必然性和必要性，并在对国内外行政服务机构建设的相关研究进行文献综述的基础上，提出本书的核心概念与分析框架、核心问题与研究思路、研究方法和创新之处。

第 2 章行政服务机构建设研究的理论资源。在导论文献综述和问题揭示的基础上，寻求行政服务机构建设研究的相关理论资源：一方面从中西方有关行政服务的代表性思想中探寻我国行政服务机构建设研究的思想来源；另一方面从西方公共行政发展史上与行政服务有关的代表性理论中探寻我国行政服务机构建设研究的理论基础。

第3章概念范畴与分析框架。本章重点对本书的核心概念和相关概念进行揭示、比较和分析，在此基础上提出本书的分析框架——"理念、制度和技术"三位一体的整合框架，并结合我国行政服务机构建设的实践与困境、研究的困惑与思考，分析该研究框架对本研究的适用性。

第4章佛山经验：我国地方政府行政服务机构建设的案例研究。本章重点结合在导论中揭示的研究背景、提出的概念体系和分析框架，在第2章中探寻的相关理论资源的基础上，结合我国行政服务机构建设的实践和研究现状，以佛山市为例，对佛山市行政服务机构建设的现状进行分析，总结其成绩，分析其问题，从"理念、制度和技术"的视角分析其经验，阐发其启示。

第5章他山之石：国外类似服务机构建设的经验及启示。本章重点探讨行政服务机构建设的国际经验，主要选取美国、英国和新加坡，从理念重塑、制度创新、技术变革三个方面，总结其类似服务机构建设的经验，阐述其对我国行政服务机构建设的启示。

第6章理念重塑：行政服务机构建设的价值前提。本章从分析社会转型与行政理念重塑、政府转型与行政理念重塑的关系入手，提出理念重塑是我国行政服务机构建设的价值前提。在此基础上，重点分析行政理念重塑的基本内容及其重要的理论与现实意义。

第7章制度创新：行政服务机构建设的根本动力。本章从制度建设与制度创新的概念阐释和关系分析入手，提出制度创新是我国行政服务机构建设的根本动力。在此基础上，重点探讨行政服务机构制度创新的基本条件、实现路径、举措和方向。

第8章技术变革：行政服务机构建设的重要手段。本章基于当今世界和当代中国科技发展的背景，简要探讨科技进步与技术变革的关系以及行政服务的技术再造对政府再造的影响和推动。在此基础上，从技术变革与政府信息化、技术变革与政府流程再造、技术变革与电子政府的构建三个方面重点探讨行政服务机构建设中的技术变革问题。最后，揭示技术变革给行政服务机构建设带来的挑战，分析信息化背景下的行政服务机构建设的基本着眼点，展望迈向电子政府的行政服务机构建设的发展前景。

第9章结论与思考。本章针对学术界和理论界对于我国行政服务机构建设的研究提出整体性的理论思考：是单维视角还是多维视角？在此基础上，提出本书的基本结论：理念、制度和技术在行政服务机构建设过程中应该通盘考虑、整合推进，并加强顶层设计。最后，对于本书的不足之处和进一步的研究方向做一个概要性的介绍。

1.4 研究方法与创新之处

1.4.1 研究方法

本书对于行政服务机构建设的研究主要运用了哲学研究方法、制度研究方法、文献分析方法、比较研究方法和个案研究方法。

1. 哲学研究方法

本书整体运用了马克思主义哲学的唯物辩证法，具体体现为理论联系实际，通过自己的研究，为跨越公共管理理论和实践的鸿沟提供一个有益的典范，努力架设起理论与实践的桥梁。同时本书在解释基本的概念和阐释重要的范畴及对结论部分核心观点进行理论提升的时候，也有意用到哲学思辨的方法。

2. 制度研究方法

制度分析一直是公共行政与公共政策研究的重要方法之一。公共行政制度是公共行政活动的基础和依据，是政府与社会二者关系的集中体现。公共行政制度研究对于公共行政研究而言处于基础性地位，对公共行政制度产生和变迁的内在逻辑的认识和把握，能够为公共行政理论的建构和现实的行政发展提供理论支撑。本书既对研究地方行政服务中心建设中的一系列制度和环境进行了实践考察，又对研究中所涉及的制度、制度创新和制度变迁进行了深入的分析。

3. 文献分析方法

文献分析方法主要指通过收集、鉴别、整理文献，并通过对文献的研究形成对现象或事物科学认识的方法。本书通过高校图书馆、互联网、中国期刊网、实证调查等多种途径，尽可能多地获得与研究对象行政服务机构相关的文献资料，如专著、教材、期刊论文等正式文献和文字、标记、符号、图表、调查问卷、访谈笔录等非正式文献。通过对以上资料的鉴别、归类、提炼、总结，使之更明晰、更有条理、更系统，进而展开对行政服务机构建设的相关问题的分析和研究。

4. 比较研究方法

比较研究方法是指将两个或两个以上的事物或同一事物或现象在不同的阶段加以比较、分析其异同，求得对事物或现象的差异、特点和本质的逻辑思维方法。比较研究分为横向研究和纵向研究两种，是发现问题、提出问题、判断问题，从而认识客观事物的变化及其发展趋势，发现矛盾，找出规律的基本方法，被视为分析、综合、推理的基础。本书既比较了中外在行政服务机构建设的理念、制度和技术方面的异同，也比较了国内不同城市以及佛山市不同区之间在行政服务机构建设方面的做法、经验和特点。

5. 个案研究方法

个案研究方法是指从现实中找到具体典型个案用于支撑和佐证理论分析的方法。这是本书的总体技术路线。本书试图通过对广东省佛山市行政服务机构建设实践进行深度的个案考察，采用"参与式研究"的方式，获得大量富有价值的第一手调研资料，以期做到定量统计和定性分析相结合，理论研究和实证调查相结合，宏观分析和微观分析相结合。

1.4.2　创新之处

本书尝试以转型社会和信息社会为总体社会背景，综合运用我国行政服务的思想和西方公共行政主要理论，借鉴有关国家的先进经验，运用"理念、制度和技术"三位一体的分析框架，对我国行政服务机构的建设和发展进行了深入的研究，提出了对我国行政服务机构建设的理论研究和实践探索具有反思性的学理思考。本书在如下两个方面具有一定的创新性。

1. 研究框架的创新

本书尝试打破从单一学科、单一视角或运用某一案例来研究行政服务机构建设的局限性，以对转型社会与信息社会这一行政服务机构建设的总体背景的考察和对行政改革与制度创新这一行政服务机构建设的当下研究主题的分析为立足点，以国内外相关文献检索为基础，从中西方行政服务的代表性思想和西方公共行政的典型性理论中寻找研究我国行政服务机构建设的理论资源，尝试性地提出了一个整合的分析框架——理念、制度和技术。这一分析框架把学术思考和实践探索联系起来，是笔者理论结合实践的一个创新性成果。

2. 研究观点的创新

本书认为，在行政服务机构建设过程中，理念重塑是先导，制度创新是根本，技术变革是手段。三者虽在总体上有时序之先后，领域之分隔，但也不是绝对分离的。三者在时序上既有历时性，又有共时性；在领域和范围上既有独立性，又有交融性。在行政服务机构建设的实践中，只有这三者之间形成良性互动，相互促进，相互推动，循序渐进，达成交融共生，形成制度合力效应，才能收到良好的改革效应，才能促进行政服务机构建设健康、可持续地发展。

第 2 章

行政服务机构建设
研究的理论资源

本章在文献综述和问题揭示的基础上，寻求行政服务机构建设研究的相关理论资源：一方面从中西方有关行政服务的代表性思想中探寻我国行政服务机构建设研究的思想来源；另一方面从西方公共行政发展史上与行政服务有关的代表性理论中探寻我国行政服务机构建设研究的理论基础。

2.1　行政服务机构建设研究的思想来源

2.1.1　西方行政服务的代表性思想

在西方学术界，实际上并没有明确的"行政服务"的概念，有关行政服务的代表性思想主要反映在西方的公共行政思想体系里面。西方公共行政的思想在一个多世纪中经历了从传统公共行政到新公共行政，再到新公共管理的发展演变过程，并在 20 世纪末出现了新公共服务理论，对西方国家的行政改革实践及治道变革起着重要的指导作用。

西方公共行政的思想在一百多年的演变和发展历程中，无论是传统的公共行政理论、新公共行政理论，还是新公共管理理论和新公共服务理论，其理论范式转变中隐含着效率和公平这两种基本的行政价值的二元变奏，并形成了以效率为其基本价值取向的管理主义和以公平为其基本价值取向的宪政主义这两大发展脉络。

1. 传统公共行政思想

传统公共行政发端于 19 世纪末 20 世纪初。它以科层制效率理论为旗帜，构筑于三大理论之上：威尔逊及古德诺的政治与行政二分法（政治控制理论）、韦伯的科层制理论（官僚制理论）、泰勒的科学管理原则（科学管理主义）。传统公共行政思想十分重视如何对行政组织进行改进的问题，注重机构、过程和程序以及行政原则的完整与统一，并把如何实现行政效率看作最高目标。这体现了人类对现代性思索与追求的成果在公共事务管理中运用的结果。尽管由于时代的变迁和传统体制的固有缺陷，公共行政模式的合理性在人们的进一步思索中开始受到了来自不同方面的质疑和批判，但是不可否认的是，在资本主义大萧条时期及第二次世界大战中，传统公共行政体系的巨大动员能力得到了充分的展示，并对推动大工业时代许多宏伟图景的实现起到了重要作用。从制度设计的目的来看，传统公共行政的合理性体现为：①公共利益（价值中立）；②组织效率（目的—工具理性）；③合法律性（档案、程序与法律规则）。这些特征在传统公共行政争取合法性的过程中得到广泛宣传，培养了人们衡量公共服务的标准，促进了政府组织和社会经济等各领域的规范化管理。① 传统公共行政理论中关于组织效率提高、行

---

① 黄健荣，等. 公共管理新论 [M]. 北京：社会科学文献出版社，2005：28.

政管理规范化、行政服务标准化的思想和观点是我们推进行政服务机构建设的重要参考与借鉴。沿着西方公共行政管理主义的发展脉络可以看到，传统公共行政理论的这些合理特征和因素被后来的新公共管理理论吸收和改造，成为行政服务机构建设的重要理论基础之一。

2. 民主行政的思想

从政府的角度来讲，无论是传统的公共管理、新公共管理还是新公共服务，都是对传统公共行政理念的改造和革新，而这一改造的核心观念则是民主行政观念。文森特·奥斯特罗姆是现代民主行政思想的重要代表人物之一，他在《美国公共行政的思想危机》一书中提出，传统公共行政过于关注效率，并为此采取集权和控制作为手段，从而导致"危机"，解除危机的办法是进行体制的改变，建立分权化和市场化取向的多重组织形式的政府。公共行政不同于私人行政，它以民主宪政为基石，强调追求人民主权、分权、制衡、公共利益、机会平等、公平和正义等理念或价值。

民主行政思想主张民主国家的基石在于民主原则与民主行政，并使民主哲学能渗入其行政机制之中。政府是手段，而公民是目的，一切以公民为中心是民主行政的基本出发点；政府是公共利益的代表，政府必须超越特殊利益集团；政府不仅要重视行政资源的有效运用，还应重视公共服务的公平，实现社会正义；它强调政府决策的开放性，重视社会公民的参与；强调与他人共享权利，采取双赢博弈，而非零和博弈；政府鼓励多元和创新而非无差别的一致和顺从等。

3. 新治理理念

除民主行政思想以外，新治理理念构成行政服务的又一理论源泉。20 世纪 90 年代以来，西方政治学家和经济学家纷纷引入"治理"概念，用治理理念发展和完善各自的学科理论，使"治理"这一概念自

20 世纪 90 年代中后期开始，逐渐被赋予了崭新的内涵，并发展演变成一个包括治理、善治与全球治理等丰富内容的新治理框架（New Govemance Framework）。

从新治理理念出发理解行政服务有三个方面的新意：①开辟了一条新的研究思路。传统的政府体制改革研究往往站在政府的角度，主张自上而下进行，而治理理念视野中的政府改革站在公民本位、社会本位的角度，更加注重公民和社会的参与和主体地位。②将行政服务与众说纷纭的政府体制改革目标区别开来，能凸显服务型政府的特定内涵。③站在参与和合作的角度研究政府改革，弥补了以效率为核心理念研究政府行政的缺陷，也站在了行政管理理论研究的前沿——参与式行政和行政服务的基础上。

新治理理念对于政府行政服务机构建设的贡献表现在以下两个方面。

第一，从横向来看，新治理理念对管制型政府条件下政府是公共管理和服务的唯一权力中心提出质疑。治理不同于统治和管制。治理虽然需要权威，但这个权威并不一定是政府机关，而统治的权威和统治的主体则必须是政府。治理的主要特征"不再是监督，而是合同包工；不再是中央集权，而是权力分散；不再是由国家进行再分配，而是国家只负责决策和监管；不再是行政部门的管理，而是根据市场规则的管理；不再是由国家'指导'，而是由行政部门和私营部门合作"。① 这样一来，传统的管制行政越来越多地转变为服务型行政，而政府的职能就必须实现从管理到服务的观念转变。

第二，从纵向来看，新治理理念对管制型政府条件下权力运行的单

①　俞可平. 治理与善治 [M]. 北京：社会科学文献出版社，2000：36.

向性提出了质疑。管制型政府的权力运行方向总是自上而下的，它运用政府的政治权威，通过发号施令、制定和实施政策，对社会公共事务实行单向的管理。与此不同，治理强调的是一个上下互动的管理过程，它主要通过合作、协商、确立共同的目标等方式实施对公共事务的管理。治理的实质在于建立在市场原则、公共利益和认同之上的合作。它所拥有的管理机制主要不是依靠政府的权威，而是合作网络的权威，其权力向度是多元的、相互的，而不是单一的和自上而下的。

2.1.2　我国社会主义的行政服务思想

1. 马克思主义的代表制思想

社会主义国家行政服务的思想有着深厚的理论渊源，最早可追溯到马克思主义经典作家的代表制思想。马克思在批判资产阶级统治工具——国家的时候就说到它是"集中化的组织起来的窃居社会主人地位而不是充当社会公仆的政府权力"，① 因此，当无产阶级掌握政权之后，目标就是建立切实为人民服务的政府。而政府内部必须"以随时可以罢免的勤务员来代替骑在人民头上作威作福的老爷们，以真正的负责制来代替虚伪的负责制，因为这些公务员是经常在公众监督之下进行工作的"。② 马克思主义对那种形式民主而实际上是对人民进行统治的资产阶级政权进行了彻底的否定。但马克思早期的研究并未能清楚勾画出这种新政权的形式，直到总结了巴黎公社的经验之后，他才"终于发现"了取代资产阶级"代议制"的这种政治形式，即"代表制"。那

---

① 中共中央马克思恩格斯列宁斯大林著作编译局. 马克思恩格斯选集：第 2 卷 [M]. 北京：人民出版社，1972：139.

② 中共中央马克思恩格斯列宁斯大林著作编译局. 马克思恩格斯选集：第 2 卷 [M]. 北京：人民出版社，1972：141.

么，怎样才能实行真正的代表制呢？马克思总结出如下原则：第一，组成领导机关的代表必须是由全体选民选举产生的；第二，代表对选民负责，随时可以撤换；第三，公社只付给这些代表相当于工人工资的薪金；第四，取消国家高级官吏所享有的一切特权；第五，代表在工作中必须严格遵守选民的"确切训令"。在新的政民关系条件下，监督问题解决得特别好，因为政府官员在行使职能的过程中，"已经不能够像在旧的政府机器里面那样使自己凌驾于现实社会之上了，……而总是处于切实的监督之下"①。

马克思关于人民政府的这些论述，无疑是行政服务的最直接的思想源泉。其后许多社会主义理论家继承了马克思关于公社必须服务于广大选民的思想，都特别强调无产阶级政府的这种服务性本质。恩格斯在1891年为《法兰西内战》写的导言中就曾重复了马克思总结的为了防止国家和国家机关由社会公仆变为社会主人必须采取的办法；列宁在评价巴黎公社时同样强调了马克思的相关思想，他还特别形象地重复了马克思的讲述，例如，人民群众选择为自己服务的公仆，就像工厂主"为自己的企业找到工人、监工和会计"一样。可见，在有关社会主义思想的历史文献中，关于无产阶级政府应当为人民服务这一观念一直非常明确，它构成了衡量无产阶级政府本质的基本标准。②

2. 中国共产党的"为人民服务"思想和"以人为本"的科学发展观

"为人民服务"思想是行政服务的根本落脚点。在马克思主义理论的指导下，我国领导人基于我国历史与现实国情，先后提出了"为人民服务""领导就是服务""三个代表"和"以人民为中心"的重要思

---

① 中共中央马克思恩格斯列宁斯大林著作编译局. 马克思恩格斯选集：第2卷 [M]. 北京：人民出版社，1972：121.

② 肖陆军. 论服务型政府建设 [J]. 云南社会科学，2005 (2)：7-12.

想，从而构建起一个不断完善的"为人民服务"的思想体系。

"为人民服务"的思想体系经过不断发展和完善，已为实践证明是一种科学的理论指南，深刻地揭示出行政服务的思想内涵，与服务型政府建设的理念和宗旨是完全相通的，是我国服务型政府建设最根本的理论出发点。①

科学发展观提出坚持以人为本，全面、协调、可持续发展。它对政府管理理念和管理职能的转变提出了一系列新要求，丰富了我国行政服务的理论和方法。

2.1.3　中西方行政服务的理论比较与思考

1. 中西方行政服务改革取向的本质不同

由于当代西方的行政改革是对建立在成熟市场经济基础上基本成型的行政制度的局部调整，无论是激进性还是渐进性改革，都带有修修补补、适时调整的性质，都未触及经济基础和上层建筑的基本方面。其采取的各种便民措施只不过是缓和社会矛盾的手段而已，并被严格限制在不触动其政治统治的范围内，实质是为了赢得选民的选票，为社会上占统治地位的官僚、利益集团服务。而我国行政管理体制改革是在发展社会主义市场经济的过程中进行的。我国的服务型政府建设是社会转型时期进行的变革，但它变革的不是根本制度，而是制约根本制度优越性发挥的旧体制，这种变革越彻底，党和政府全心全意为人民服务的宗旨就越能得以充分体现。变革的目的是解放生产力，发展生产力，满足人们不断增长的物质和文化需求，以人民的福祉增长为根本目的。因此，我国政府行政改革与我国根本制度具有内

---

① 彭向刚. 论服务型政府的服务精神 [J]. 社会科学战线，2007 (3)：209-214.

在的一致性。

2. 行政服务的制度基础及所处改革的历史方位不同

中西方国家所采用的政治制度和政府体系结构有很大的不同。一方面，我国社会曾长期处于自然经济状态，在此基础上形成的传统社会文化使公众对政府有较强的依赖心理，在一定程度上推动了政府理想化人格（当官要为民做主）的形成，对弱化政府职能会产生阻力；另一方面，受西方行政改革的影响，各种现代行政理念纷至沓来，对减少政府干预形成了压力。上述两种相互冲突的理念都会深刻影响政府的职能定位，这也是当代西方行政服务体系中不会遇到的问题。

3. 启示与思考

西方政府所采取的服务性的方法和措施与其根本制度具有内在的矛盾性。由于缺乏根本制度的保障，其服务型政府建设缺乏真实性，在实践中最终无法全部实现。西方政府改革的实践，使我们更加明晰公共管理的实质在于为公众提供高效优质的服务，以进一步实现建设服务型政府的基本目标。

西方政府改革理论对我们有借鉴意义，但我们要辩证地、具体地看待不同背景、不同条件下产生的理论，并认识到它们适用范围的有限性。无论是西方的传统公共行政理论、新公共管理理论还是新公共服务理论，都有值得我们借鉴的东西。同时，中西方社会发展阶段的差异也决定了我们在借鉴西方国家政府行政改革的经验时，应结合我国的具体国情，采取实事求是的态度，特别应注意不能超越特定国情及特定时代的限制。

2.2 行政服务机构建设研究的理论基础

2.2.1 新公共行政：政府管理与社会公平的艰难抉择

新公共行政理论始于 20 世纪 60 年代，其主导地位一直持续到 20 世纪 80 年代，其主张至今仍为行政学者们所关注。它以新公共行政学派的出现为标志，以对传统公共行政时期行政理论和行政价值的批判为立论起点，强调"公平"的行政价值观。

新公共行政时期，新公共行政学者们对传统公共行政时期的以"效率"为核心的行政价值观进行了反思和批判，并在此基础上建构了新公共行政学的理论体系。他们认为，传统公共行政时期的行政学试图回答如下问题：我们如何在可供利用资源的条件下提供更多更好的服务（效率），或者我们如何少花钱而保持特定的服务水平（经济）？在新公共行政学中增加了这样一个问题：这种服务是否增进了社会公平？新公共行政学者们倡导一种社会性效率，即效率必须与公共利益、个人价值、平等自由等价值目标结合起来。新公共行政学试图以这样的方式来解决问题：行政管理者并不是价值中立的，他们应该对好的管理与社会公平做出承诺，以此作为价值、奋斗目标或理论基础。

新公共行政学对于社会公平的承诺蕴含着一种更强大的行政或执行的政府，即汉米尔顿所说的"执行机关的力量"。新公共行政管理不仅寻求有效地、经济地执行立法授权，而且寻求影响和执行那些更一般地影响人们生活质量的政策。新公共行政学倾向于抛弃传统的过于稳定的官僚体制，寻求具有灵活性的行政组织结构或官僚组织形式。传统的公共行政学强调要发展和加强那些被设计出来处理社会问题的体制或制度，然而它却脱离问题来看待体制；新公共行政学企图重新把焦点集中在问题上，并考虑处理问题的可能替代体制途径，寻求改革现有的体制和发展出新的、更灵活的体制。

在新公共行政时期，通过对传统公共行政时期的"效率至上"的行政价值观进行全面的批判，回归了行政的公共本性，区分了行政的工具价值和目的价值，生成了以"公平"为核心的行政价值观，将"公平"放在了行政价值目标体系中的首要位置。正如约翰·罗尔指出，尽管弗雷德里克森没有明确界定"社会公正"这个词的含义，他所列举的事例却清楚地表明，公正的行政管理人员是指这样一些人，为了消除社会上处于弱势地位的各种少数集团在代议民主制国家日常运行程序中所遭受的漠视，他们进行积极干预，以改善这些弱势集团的政治权力与经济福利状况。毫无疑问，社会公正的内容是原则上的平等主义和政策上的重新分配。[①]

新公共行政理论将"社会公平"作为公共行政的目的，提出了民主行政的模式，强调以伦理、民主、政治互动、公民参与以及回应性等观念为基础的制度设计，以增进社会公平。新公共行政作为战后对传统行政学的批评的进一步发展，强调民主参与、公平至上等价值观，可以说是公共行政学"范式"的一次变革。但是，由于它缺乏概念和理论上的连贯性，并未最终生根立足，未能最终取代传统的公共行政学而成为行政学研究的主导范式。[②]

---

① 陈世香. 西方行政价值研究的历史与现状综述 [J]. 政治学研究, 2004 (1): 115-119.

② 陈振明. 从公共行政学、新公共行政学到公共管理学：西方政府管理研究领域的"范式"变化 [J]. 政治学研究, 1999 (1): 82-91.

2.2.2　新公共管理：政府模式与管理方式的深刻变革

从 20 世纪 70 年代开始，传统公共行政日益遭到新的外部环境的严峻挑战，其理论已经无法回答和解决政府所面对的日益严重的问题和困难：政府财政危机，社会福利政策难以为继，政府机构日趋庞大臃肿，效率低下，公众对政府能力失去信心，"政府失败论"开始占据主导地位。① 在此历史背景下，新公共管理理论在 20 世纪 80 年代的英美两国应运而生，并迅速传播到西方各国。

尽管新公共管理的观念广为流行，但实际上新公共管理并没有统一的理论基础和完整的理论框架，而是由不同学者站在不同的角度分别做出阐释，其中最著名的是英国学者胡德的观点和美国学者奥斯本及盖布勒的观点。

新公共管理的概念最早由克里斯托弗·胡德在 1991 年提出。他将新公共管理看作一种以引入市场机制来改善竞争为特征的公共部门管理的新途径。这种管理采用私人部门的管理技术和工具，强调产出导向和绩效评估，以及目标责任和适度分权。1992 年，美国学者戴维·奥斯本和特德·盖布勒提出用企业家精神改造政府的著名观点，并提出了"政府再造"的 10 项基本原则。

归纳众多学者的观点，新公共管理理论主要包括以下几个方面的内容。

第一，政府的管理职能是掌舵。政府应当把决策和具体操作分开，政府只起掌舵的作用，而不实施划桨。这样做的好处是可以缩小政府的规模，减少开支，提高效率。第二，政府服务的市场导向。在新公共管

---

① 金太军. 新公共管理：当代西方公共行政的新趋势 [J]. 国外社会科学，1997（5）：21-25.

理中，政府不再是凌驾于社会之上的、封闭的官僚机构，而是负有责任的"企业家"，公民则是其"顾客"或"客户"。第三，政府管理方式是授权或分权。新公共管理理论认为，政府通过授权或分权的办法来对外界变化迅速做出反应；与集权的机构相比，授权或分权的机构有灵活性，反应迅速，有效率，有创新精神，有更强的责任感和更高的生产率。第四，竞争机制运用于政府管理。新公共管理理论强调政府管理应广泛引进竞争机制，取消公共服务供给的垄断性，让更多的私营部门参与公共服务的供给，从而提高服务供给的质量和效率。第五，政府重视公共服务的效率、效果和质量。新公共管理理论主张政府管理的资源配置应当与管理人员的业绩联系起来，在财力和物力的控制上强调采用根据效果而不是根据投入来拨款的预算制度，即按使命做预算、按产出做预算、按效果做预算和按顾客需求做预算。第六，政府实施明确的绩效目标控制。新公共管理理论主张放松严格的行政规制，实行严格的绩效目标控制，即确定组织、个人的具体目标，并根据绩效目标完成情况进行测量和评估。[①]

新公共管理理论以现代经济学和企业管理理论与方法为理论基础，将传统公共行政的政府中心主义转化为顾客中心主义，将权力中心主义转化为服务中心主义，将效率中心主义转化为成本中心主义，将个人利益中心主义转化为公共利益中心主义。[②] 新公共管理理论虽然强调了政府服务意识和注意被管理者的要求、呼声、权益等，但是在社会、公民和政府三者的关系中，政府还是处于主动地位，依然是管理的主体，公

---

① 梅志罡. 新公共管理理论及其借鉴意义 [J]. 行政论坛，2006（1）：5-8.

② 张康之. 论政府的非管理化：关于"新公共管理"的趋势预测 [J]. 教学与研究，2000（7）：31-37.

民和社会的参与程度仍然很低。①

2.2.3　新公共服务：政府角色与公共价值的重新审视

虽然新公共管理引入"市场""顾客"的理念有助于提高政府的服务效率和降低成本，但市场机制的引入和管理主义的盛行，终将抵制公共精神与公共服务观念，削弱公民的权利和地位。例如，"顾客"理念的提出就明显地"矮化"了公民的身份；在用企业家精神提高政府绩效的同时遗忘了提高绩效的真正目的——回应公民。正是由于新公共管理模糊了政府与公民、政府与社会之间的基本关系，严重威胁着现代民主制度所倡导的公正、公平原则与公共精神，社会开始呼唤一种新的政府运行模式。

在对新公共管理理论进行批判和反思的基础上，一些学者提出了另一个新的管理模式和管理理念——新公共服务。新公共服务理论兴起于20 世纪 90 年代末，以美国行政学者罗伯特·B. 登哈特和珍妮·V. 登哈特夫妇为代表。他们认为，新公共服务模式起源于民主社会的公民权理论、社区和市民社会模型以及组织人本主义和组织对话理论，是在以往各种管理模式基础上发展而来的一种真正以公民为本位的政府运作模式。这种模式的典型特征是以公众服务为核心，以民主参与为手段，以是否实现公众利益为评价标准。正如他们所强调的，与新公共管理不同，新公共服务是建立在公共利益的观念之上的，是建立在公共行政人员为公民服务并确实为他们服务之上的。

按照哈登特夫妇的观点，新公共服务理论的基本原则主要有七个方

---

① 叶海平，唐华英. 论构建公共服务型政府的理论定位和改革趋势［J］. 江西行政学院学报，2006（3）：5-8.

面：第一，政府的作用是服务而不是掌舵。现代政府的作用是与非营利组织、私营部门一道，为社区面临的问题寻找解决办法；政府角色要从控制转变为议程安排，充当相关各方的调停人、中介人甚至裁判员的角色，为促进公共问题的协调解决提供便利。第二，公共利益是目的，而不是副产品。政府应当积极地促进建立一个集体的、共享的公共利益观念，为公民对话提供平台，政府还有责任确保经由这些程序而产生的解决方案完全符合公正和公平的原则，确保公共利益居于主导地位。第三，战略地思考，民主地行动。满足公共需要的政策与规划能通过集体努力和合作程序而有效、负责任地获得。政府应鼓励公民责任感的强化，支持群体和个人参与社区契约的订立活动，从而为有效的和负责任的公民行动奠定基础。第四，服务于公民，而不是顾客。公务人员不应仅仅满足于回应"顾客"的需要，而要聚焦于在公民之间建立信任与合作关系。公正与公平是政府提供服务时必须考虑的重要因素，政府必须关注公民的需要和利益。第五，责任不是一个简单的概念。公共行政官员的行动应当受到包括公共利益、宪法法令、其他机构、其他层次的政府、媒体、职业标准、社区价值观念和价值标准、环境因素、民主规范、公民需要在内的各种制度和标准等复杂因素的综合影响，而且他们应当对这些制度和标准负责。第六，尊重人的价值，而不仅仅重视生产力的价值。如果他们基于对所有人的尊重，通过合作过程与共享领导来运作，那么公共组织及他们参与其中的网络从长期来看将运作得更为成功。第七，尊重公民与公共服务的价值，重估企业家精神的价值。公共行政官员不是他们机构与项目的所有者，政府的所有者是公民。公共行政官员有责任通过担当公共资源的管理者、公共组织的监督者、公民权利和民主对话的促进者、社区参与的催化剂以及基层的领导者等来为公民服务。

尽管这一理论更多是从应然性的角度实现了对新公共管理理论观念的超越，但在实际操作性方面仍需实践的检验。该理论的提出为公共行政提供了一个更新的政府行为的理论视角，为当代公共服务的优化发展和公共服务型政府的建设提供了有力的理论支撑。

2.2.4　网络化治理：政府治理与公共部门的崭新形态

政府如何在科学发展观的指导下摆脱传统"全能型政府"的思维定式，建设服务型政府，进而推动和谐社会建设，成为当下学术界研究的热点问题。近年来，网络化治理理论为建立多元参与、社会自主治理的社会主义和谐社会提供了重要的理论支撑和现实思路。

20 世纪 90 年代以来，随着"治理"一词成为公共管理的核心概念，治理理论在学术界也逐渐成为研究的重点。信息化、全球化和分权化的社会趋势极大地改变了公共管理的生态环境，网络化治理则成为 20 世纪 90 年代中后期以来学术界研究的新热点。

网络化治理的兴起是基于公共治理领域诸多前人的研究成果，是对公共治理模式的新探索。以奥斯特罗姆夫妇为代表的学者们提出的多中心治理理论，反对管理主义范式中包含的政府单中心论，主张政府是各参与者中"同辈的长者"，但它不具备最高的、绝对的权威，指出通过社群组织自发形成的多中心自主治理结构，以多中心为基础的新的多层级政府安排的互动合作，为网络治理的框架提供了一个很好的导向。作为一部反映西方国家公共治理经验的力作，斯蒂芬·戈德史密斯、威廉·D.埃格斯合著的《网络化治理：公共部门的新形态》则更明确地告诉人们，21 世纪的公共治理正在形成一种网络化治理。该网络化治理是随着组织演化而逐渐形成的，在经济全球化、网络经济兴起、以知识经济为代表的新经济力量崛起的条件下，依托网络技术、现代信息技术和制造技术而形成的新的治理模式，解构了单一的政府或市场治理模式，跳出了传统的诸如公共与私人、国家与市场、市场与计划、政府与社会等二分法的思维方式，重构了一种公共事务治理的整体性思维框架。质言之，网络化治理打破了基于市场发展逻辑和公共行政传统理论之间权威性的分界线，为公共事务治理提供了第三种解决方案，从而开辟了公共事务治理模式变迁的新路径，成为政府治理和公共部门的崭新形态。

2.3 从整合视角研究行政服务机构建设的可能性与必要性

随着我国社会转型的加速和信息社会的到来，社会、政治和经济变化过程的相互依赖性、偶然性和不确定性越来越凸显出来，社会利益矛盾日益复杂和激化，政府治理的责任和负担越来越沉重，公众参与的压力和网络治理的难度也越来越大。政府的治理过程也已经不再局限于政府的正式结构之中，而是通过大量的政府与公众、正式和非正式的机构等多元主体在不断互动和协调的机制和过程中来完成的。因此，运用某一理论从单一视角来研究行政服务机构建设往往显得"见木不见林"，难以形成对行政服务机构建设的整体性认识和把握。因此，从整合视角来研究行政服务机构建设显得尤为必要。

在西方公共行政的发展史上，新公共行政理论提出了民主行政的模式，认为公众需要是行政体系运转的轴心，公众的权利或利益高于政府自身的利益扩张和利益满足，强调以伦理、民主、政治互动、公民参与以及回应性等观念为基础的制度设计，以增进社会公平。而新公共管理理论注重管理的结果和管理者的个人责任，要求政府树立"顾客至上"的服务意识，政府的任何行政行为都应当把为公众服务放在首位，把公众的满意度作为政府工作的追求目标和评价标准。新公共服务理论则是在与新公共管理理论的论争中产生与发展的，用公共管理的公共取向、民主取向或社群取向批评新公共管理学的"市场模式"。新公共服务理论主张在公共管理改革中倡导参与式国家模式，强调保护公民自由，发挥民主特别是直接民主机制的作用。而网络治理理论不仅看到了政府、市场与社会三元主体之间在实现有效治理中合作的重要性，而且意识到了网络内部各行动者之间的协调问题，认为协调的主要内容是协调行动者之间的利益关系，协调行动者与整个合作网络的关系，并提出主要的网络协调机制包括价值协同的协调机制、信息共享的协调机制和诱导与动员的协调机制等，这些探索为信息社会背景下新的治理模式提供了有效的机制选择。[①] 它为信息化时代政府通过技术变革实现以虚拟政府或是整体性政府为建设目标的努力提供了全新的思路和重要的启发，甚至预示着未来政府管理和变革的新趋势。

综上所述，新公共行政理论以高扬社会公平而受到关注，契合行政服务机构建设对社会公平的回应与追求；新公共管理理论以企业家精神掀起了政府模式与管理方式的变革，为行政服务机构建设中提高办事效率、优化行政服务、改善投资环境提供了重要的理论参考和借鉴；而新公共服务理论以公民、民主、服务的理念促使人们对政府角色与公共价值进行重新审视，弥补了新公共管理理论过分关注效率、忽视公民权利和社会效益的缺陷，更多地注重公共价值的实现、公共利益的维护和公共服务的优化，极大地启发和促进了服务型政府的构建；网络化治理理

---

① 何植民，齐明山．网络化治理：公共管理现代发展的新趋势［J］．甘肃理论学刊，2009
（3）：110-114．

论则开辟了公共事务治理模式变迁的新路径，成为政府治理和公共部门的崭新形态。网络化治理在新的社会历史条件下为众多的行动主体彼此合作、共同参与公共事务管理，为行政服务机构建设提供了一种具有启发性的理论视野和一个具有可操作性的实践框架。①

本书认为，因为行政服务机构建设是一个综合政务服务体系的建设，既要追求公平，又要注重效率，既要实现公共价值和社会效益，又要加强治理网络和协调机制建设，所以仅运用某一理论从单一视角来研究行政服务机构建设可能都是失之偏颇的，都是有缺陷的。② 因此，本书并不打算基于某一理论来研究行政服务机构建设，而是依据本书的核心概念和主题，吸取以上几种理论之精髓，结合我国行政服务的代表性思想，创造性地发展出适合本书的一套整合分析框架——理念、制度和技术，来展开对行政服务机构建设的研究和分析，这无论在理论上还是在实践中，不仅是必要的，也是可能和可行的。

---

① 何植民，齐明山. 网络化治理：公共管理现代发展的新趋势 [J]. 甘肃理论学刊，2009（3）：110-114.

② 许源源. 新公共服务理论视角中的行政服务中心建设 [J]. 中国行政管理，2007（10）：15-18.

第 3 章

概念范畴与分析框架

　　本章重点对本书的核心概念和相关概念进行揭示、比较和分析，在此基础上提出本书分析框架——"理念、制度和技术"三位一体的整合框架，并结合我国行政服务机构建设的实践与困境、研究的困惑与思考，分析这一研究框架对本研究的适用性。

3.1　理念、制度和技术

3.1.1　理念与行政理念

1. 理念的含义

　　从词源意义上来看，"理念"最早源于古希腊哲学，和"形式""形象"（eidos，英语中的 form）是一个意思。"理念"（idea）是西方哲学的一个重要概念。在西方哲学范畴中，"理念"泛指"一种理想的、永恒的、精神性的普遍范型"。现代汉语对"理念"一词的解释有两条：一是信念；二是思想，观念。在唯物主义哲学的基础上，本书认为：理念就是主观见之于客观的反映，是人们在社会实践过程中所形成的对某一事物或现象的规律性认识，是具有相对稳定性、延续性的思想与观念体系中所展现的深层次精神与价值取向。总之，理念是文化的核心与精髓，是精神价值的凝结与提炼。从个人的行为选择到企业的经营哲学，再到政府政策的价值取向，都是理念预设的结果，并决定着目标实现的向度和价值追求的意义。

2. 行政理念的含义与内容

行政理念是行政文化的重要组成部分，是政府及其公务员的行政意识、价值观念、信仰追求以及行政传统、行政习惯、行政准则等要素的综合反映。行政理念是行政的"灵魂"，它深刻地影响着行政目标、行政组织、行政人员以及行政机制的运行。[①] 行政理念是指行政主体在行政管理过程中所形成的对行政现实的一种思想认识与价值判断，是包括行政意识、行政信念、行政价值观、行政思想等在内的价值观念体系，是行政过程中所展现的一种深层次行政精神与价值取向。行政理念既是行政主体的价值观的集中体现，又是行政文化的核心要素。

行政理念作为行政主体对某种特定的行政行为方式或行政存在的理想状态的价值追求与基本信念，它包含着对行政事务的基本理解，因而具有解释性；同时也包含着对行政行为的指导，因而具有方向性。正是行政理念的这种双重特性，使得行政理念具有解释行政的意义和指导行政方向的功能。具体来说，行政理念对公共行政的整体运行具备统摄与导向、凝聚与促进、整合与规范等基本功能；同时，它又以特定的方式作用于行政管理的各个环节，发挥着具体的作用。具体表现为：①行政

---

① 沈亚平. 转型社会中的系统变革：中国行政发展 30 年 [M]. 天津：天津人民出版社，2008：16.

理念是行政目标设定的指导思想与基本准则；②行政理念是行政行为开展的内在依据与逻辑起点；③行政理念是行政制度设计的前提基础与有效保证；④行政理念是行政体制改革的理论引领与思想动力。①

行政理念作为行政主体对行政存在的理想状态的基本信念与价值追求，具有解释行政本质和引领行政发展方向的功能，它的建构与取舍对行政实践具有重要的指导意义。不同的行政理念预设了行政的价值尺度与发展方向，决定不同的行政行为方式和政策制定导向，深刻影响着行政目标的实现程度。建立在政治与行政二分和理性官僚制基础上的传统公共行政以效率、理性、管制为行政理念，强调价值中立的功能性与技术性行政，促进了行政的科学化进程。而现代西方行政理念呈现多元并存的局面，效率、责任、公正、善治、服务等现代行政理念凸显了行政的人性化发展趋势。

美国公共行政学家乔治·弗雷德里克森指出：公共行政是建立在价值与信念基础之上的，用"精神"这个概念描述这些价值和信念最合适不过了。对于个人而言，公共行政的精神意味着对于公共服务的召唤以及有效管理公共组织的一种深厚、持久的承诺。② 在对行政理念的理解和描述中，学术界多倾向于从法理的角度使用公共行政、平衡行政、法治行政、程序行政等词汇来展示理想的行政和行政的未来。③

（1）公共行政理念。

现代行政乃公共行政。行政是一类国家权力运作产生特别社会现象的过程，产生行政现象的这类国家权力，在不同的权力体制下大都

---

① 何颖. 行政哲学研究 [M]. 北京：学习出版社，2011：17-18.

② 弗雷德里克森. 公共行政的精神 [M]. 张成福，等译. 北京：中国人民大学出版社，2003：13.

③ 肖金明. 法治行政的逻辑 [M]. 北京：中国政法大学出版社，2004.

被称为行政权力。在民主宪政国家里，行政权力源自人民主权或称人民权利，与立法、司法等其他国家权力一同属于公共权力范畴。这是确立公共行政理念的认识根源和理论根据。人民可以选择和更换政府是近现代以来维系国家权力公共性质的根本保障，人民可以参与和监督行政是近现代以来维持国家权力公共性能的根本保证。这是公共行政理念的当然推断和逻辑发展。公共行政应当成为现代行政的首要理念。

公共行政理念衍生出公开、公平、公正和公信原则。首先，公共行政应当成为公开行政。行政暗箱操作易于滋生行政私化，公开行政便于维持行政的公共性能和促进行政民主化进程。其次，公共行政应当成为公平行政。行政分配资源、创设规范以及执法和管理应当实现平等对待，社会成员应当平等地成为公共领域的受益人，行政领域必要的政策优惠不能发展为差别对待甚至异化为受益人和特权。再次，公共行政应当成为公正行政。公正行政要求行政出于无私动机和正当考虑，不相关因素和非正常影响禁止进入行政过程，应排除私念和特殊利益考虑，通过制度化的利益安排推动公正行政以维护政府的公正形象。最后，公共行政应当成为公信行政。行政领域的政府承诺的兑现率直接影响公众对行政的信任程度，讲求信用的行政容易获取公共信任，有利于在行政与社会和公众之间加强沟通和达成共识，从而提升行政的公共意识并发展行政效率。

（2）平衡行政理念。

行政权力与公民权利既会产生对立又能形成统一，其对立统一需要行政领域平衡理念与机制的支撑和支持。行政领域中管理依旧是主线，但其中的民主化和法治化不断造就着针对管理方的控权，管理与控权耳濡目染形成和建构的对等、对话、对抗的观念和机制有利于平衡行政的实现和发展。平衡行政理念应在行政法的不同层面上形成实践转换。[①] 其一，行政法上相对人权利义务的平等安排是平衡行政的基本表现；其二，行政法上行政人职权职责并行是平衡行政的重要体现；其三，行政法上违法责任大致相当是平衡行政的一般要求；其四，行政法上公平与效率的价值平衡是平衡行政的基本要求；其五，行政法上权力与权利的平衡是平衡行政的根本所在。

（3）法治行政理念。

行政是国家行政权力依法律要求的行动。法治的主要含义是法律对政府拥有绝对权威，政府的权力行动符合法律要求，是法治行政的一般标准。法治行政应当成为行政的基本理念。人类社会有过人治的历史，也有着法治的经验。

（4）程序行政理念。

行政是行政权力运作的过程。在实证意义上，行政可以解释为通过行政权力配置资源、安排利益的过程，行政权力的运作应当符合正义，资源和利益的分配应当符合正义标准。程序行政应当成为行政的关键理念。程序法治所应遵循的民主原则、公正原则和效率原则，恰是现代法治精神的深刻体现。效率是现代行政的重要特征和生命基础，通过程序实现效率是行政法治的合理选择。效率原则，既体现于程序推进行政收益最大化或者行政投入最小化方面，又表现在便于相对人主张和实现权益等方面。

综上所述，公共行政、法治行政、平衡行政和程序行政从不同的侧面展现了现代行政应当具备的基本特征。公共、法治、平衡和程序观念具有同质性，它们相互需要、相互配合，形成一种共同的思想力量。

---

① 沈岿. 平衡论：一种行政法认知模式［M］. 北京：北京大学出版社，1999：11-12.

3.1.2 制度与制度建设

1. 制度的基本含义

制度是一个相当宽泛的概念，一般是指在特定社会范围内统一的、调节人与人之间社会关系的一系列习惯、道德、法律、戒律、规章等的总和。它由社会认可的非正式约束、国家规定的正式约束和实施机制三个部分构成。

2. 制度的结构内涵

美国著名的制度经济学家道格拉斯·诺思认为，制度是一个社会的游戏规则，更规范地讲，它们是为人们的相互关系人为设定的一些制约。他将制度分为三种类型，即正式规则、非正式规则和这些规则的执行机制。正式规则又称为正式制度，是指政府、国家或统治者等按照一定的目的和程序有意识创造的一系列政治、经济规则及契约等法律法规，以及由这些规则构成的社会的等级结构，包括从宪法到成文法与普通法，再到明细的规则和个别契约等，它们共同构成人们行为的激励和约束。非正式规则是人们在长期实践中无意识形成的，具有持久的生命力，并构成世代相传的文化的一部分，包括价值信念、伦理规范、道德观念、风俗习惯及意识形态等因素。执行机制是为了确保上述规则得以执行的相关制度安排，它是制度安排中的关键一环。这三部分构成完整的制度内涵，是一个不可分割的整体。

3. 制度的范围类型

制度既可以从宏观层面指在一定历史条件下的政治、经济、社会、文化等方面的规范体系，也可以从微观层面指在一定时空范围内要求大家共同遵守的办事规程或行动准则。

宏观的制度即制度和体制，是指国家的基本制度和体制，如政治制度与政治体制、经济制度与经济体制、社会制度与社会管理体制、文化制度与文化管理体制等。这些制度和体制往往是一国政治、经济、社会和文化生活的基础和纲领，决定和影响着微观制度的培育和形成。

微观的制度即机制和规程，是指在一个社会组织或团体中要求其成员共同遵守并按一定程序办事的规程。一个组织或团体推行一种规章制度的诱因在于这个组织或团体期望获得最大的潜在效益，而最直接的原因则在于提高组织的协调性和管理的有效性，协调组织内各部门之间协作效果和组织与外部衔接的有效性。

4. 制度建设

制度建设是通过制度主体的组织行为不断改进原有的制度规程或建立新的制度规程，以追求一种更高的制度绩效的动态过程，是权力规范运行的有效约束和得力保障。其大致包括三方面内容：一是制定公共规则，二是保证规则执行，三是坚持公平原则。一个组织或团体内部的制度建设水平和机制创新水平直接决定着组织或团体的发展水平。制度没有"最好"，只有"更好"，科学的、积极的制度建立，能降低风险、坚持勤政、促进发展，适当的制度建设会极大地强化激励的有效性。

制度建设也是一个制度创新、制度执行、制度约束并在实践中不断检验和完善制度的动态过程。因此，制度不是一成不变的，要根据组织或团体的发展而不断修订，适应新形势、新任务的要求，针对一些容易出现问题的环节和工作中存在的漏洞，建立健全科学合理、具体实在、切实可行的制度。对于已经不能适应管理需要的制度，要及时地进行修订，将不符合形势发展需要的规定予以废止，重新制定、完善适合管理需要的、统一的制度。

在实践中，制度建设的关键是要管用、可行。人是最重要的因素，制度都是人制定的。好的制度，肯定是有一部分人反对，有一部分人赞成。好的制度，肯定是考虑到了组织成员以及组织关联成员等方方面面的利益，并经过严谨周详的论证才出台的。因此，制度应该尽可能全面，同时组织中每个业务环节、服务环节、管理环节以及利益可能波及的细小方面都要在制度的范围内。

3.1.3 技术与技术变革

1. 技术的概念及其本质特征

人类的生存直接与生产相关，而生产又与技术直接相关，任何生产都离不开技术。简单地说，技术就是将科学理论转化成社会生产力的工艺方法或工艺过程，它是人类利用和改造自然能力的重要标志。技术的目的和任务是利用客观规律，更有效地控制和改造客观世界，协调人和自然的关系，为人类创造和增进物质财富或为实现一定的目的提供方法和物质手段。它侧重回答社会实践中"做什么""怎么做"以及"做出来有什么用"等问题。

技术的概念随着时代的变迁而不断发展。技术是综合利用知识于需要的研究，具有相对确定的目标、方向和步骤，计划性强。技术通常体现为新工具、新设备、新工艺、新方法的发明和创造等。技术是社会目的性和客观规律性的直接统一，它直接追求经济的、社会的、政治的或军事的实际效益。技术具有三大本质特征：第一个特征是，技术是客观的物质因素和主观的精神因素相互作用的产物；第二个特征是，技术是直接的生产力；第三个特征是，技术是人们改造、控制、利用和保护自然的一种动态过程。

2. 技术的社会政治意蕴

技术是人类在物质文明与精神文明建设过程中各种物质与非物质手

段和方法的总和，它在现实社会中起到科学转化为社会生产力的中介作用。技术的发展与社会进步密切相关，渗透到社会的各个方面，其实质就是技术发展的社会化问题。技术成果转化为生产力，技术成果的商品化、市场化是技术社会化的集中表现。

技术对现代社会的发展起到越来越重要的作用，它不但对生产力的发展和劳动生产率的增长起着决定性作用，而且已经渗透到上层建筑、意识形态和生产生活的各个方面，并成为现代教育、文化、宣传、体育、卫生、艺术等领域发展的重要物质基础。

3. 技术变革及其社会意义

伴随着人类社会的不断发展和科学技术的不断进步，技术变革在各个行业和领域持续不断地渗透。这无论对社会经济的发展，还是人们生活方式的改变，都发挥着不可估量的作用。正如 20 世纪的技术革命为世界带来了曙光，21 世纪人类又迎来了新一轮的技术革命。此次由大规模数据、智能化生产以及无线网络所引领的技术革命将推动经济增长，带来政治、经济和社会的巨变。

第一个大的技术变革是信息技术已经把人类带入了一个大规模数据时代。互联网正演变为"云"网络，从社交媒体到基于元数据分析的医学革命，惊人的数据处理能力使以往无法想象的服务和业务成为可能，使人们处于前人无法想象的新市场的前沿。

第二个大的技术变革就是智能化生产。这是自从亨利·福特发动"大规模生产"以来的第一次结构性变革。虽然供应链管理过程所采用的自动化和信息系统已经让我们看到了一些证据，不过我们才刚刚进入一个新兴材料科学将给物质生产带来革命性变革的时代。这是一个近乎完美的计算化设计和制造的时代，它将令我们制造产品的方式产生巨大改变，如同农业革命对种植方式的改变一样。

第三个大的技术变革就是当今影响深远的通信技术革命。在不久的将来，地球上的大多数人将会更多地通过无线的方式连接在一起。无线连接的成本快速下降致使其应用不断增长，其意义将如同电报和电话刚刚出现所带来的深远影响一样。它不仅带来了巨大的发展机遇，也带来了急剧的社会革命，推动了社会的巨变。

技术变革不仅包括科技发展和技术创新，也包括技术应用和技术推广。当今社会，技术变革的规模和速度是空前的。随着互联网的发展和普及，网络技术和通信技术在经济社会生活中的应用和推广越来越广泛。特别是网络，已经成为人们沟通信息和协同工作的有效工具。在以网络为中心的信息时代，网络将成为一个全局性的信息资源库和信息处理平台，使用者可以在任何时间、任何地点获得来自整个网络的个性化服务。信息技术的大力发展必将渗透到人类生活的方方面面，通过网络实现并提供各种服务。但是，信息技术和信息化的方向发展，也从传统的技术创新与开发，转变为业务流程的信息化管理、业务服务的创新与整合。技术变革不仅成为科技进步和经济发展的火车头，也成为政府管理体制改革的催化剂。

3.2 行政服务机构的相关概念

3.2.1 公共服务与行政服务

1. 公共服务

（1）公共服务的含义及演变。

公共服务（Public Service）概念的产生和发展是一个历史性过程，

在不同的国家及不同的时期具有不同的形式和内涵。从提供公共工程的公共服务，到在市场经济条件下提供公共产品的公共服务，再到为顾客提供服务的公共服务，人们对公共服务的认识也随着公共服务的实践进程而深化。

有关公共服务的研究，最早可以追溯到亚当·斯密、洛克等关于国家职能的论述。20 世纪以来，随着福利经济学、凯恩斯主义经济学、发展经济学等经济理论研究的兴起和发展，人们对市场经济中政府和市场作用的认识不断深化。人们现在普遍认识到公共服务是市场经济条件下政府的重要职责，关系到公民权益的维护和发展。但对政府的公共服务究竟应该包括哪些服务内容却尚未形成完全统一的认识和界定。从一些研究文献来看，对公共服务的最广义的理解可以包括政府提供的所有服务。从狭义来理解，公共服务是指政府为促进发展和维护公民权益，运用法定权力和公共资源，面向全体公民或某一类社会群体，组织协调或直接提供以共同享有为特征的产品和服务。

最初的公共服务理论来自社会学的理论，即社会产生着它所不能缺少的某些共同职能而形成公共服务。随后的政治学理论发展出了公共服务理论，认为现代国家的公共服务职能是基于社会契约的公共性理念上的公共活动。莱翁·狄骥这样来定义公共服务：任何因其与社会团结的实现与促进不可分割而必须由政府来加以规范和控制的活动，就是一项公共服务，只要它具有除非通过政府干预，否则便不能得到保障的特征。①

随着公共经济学中"公共产品"理论的提出，公共服务的研究成为整个经济学和财政学的主流和基础。基于公共产品理论，公共服务被

---

① 狄骥. 公法的变迁：法律与国家［M］. 郑戈，冷静，译. 沈阳：春风文艺出版社，辽海出版社，1999：446.

认为是政府为了满足社会公共需要，而向它辖区内的居民提供公共产品的服务行为的总称。它可以由法律授权的政府和非政府公共组织以及工商业企业部门生产，是为了供全社会所有公民共同消费、所有消费者平等享受以体现公共利益的社会产品。既有物质形态的公共服务，也有非物质形态的公共服务。

（2）公共服务的特征及分类。

公共服务作为市场经济条件下政府组织提供的公共产品，除了具有理论公共产品的基本属性，在实践中通常还具有公共性、福利性、增值性、规范性、演进性等特征。① 关于公共服务的内容及分类，有多种理解和划分方法。例如，在公共支出领域，可分为维护性公共服务、经济性公共服务和社会性公共服务；在社会生活领域，可分为公共工程建设、公共交通服务、公共安全服务、人类健康和社会服务、文化和休闲服务、支持服务、公共设施等；按照经营性程度，可分为公益性服务、经营性服务和混合型服务；按照资本和劳动力投入比例情况，可分为资本密集型服务和劳动密集型服务。

从各国实践来看，由于国情、发展水平以及政府管理方式的不同，对公共服务的内容界定和分类都或多或少存在一些差异。基于较为普遍的认识，并从通常政府施行公共服务管理的角度来看，一般而言，公共服务可以包括以下九类服务：①国民教育服务；②公共卫生服务；③公共安全服务；④公共福利服务；⑤公共交通服务；⑥公共事业服务；⑦精神文化服务；⑧公共体育服务；⑨公共信息服务。上述九类服务总体上构成了公共服务体系。实际上，每一类服务都是一个相对独立的体系，不仅包含诸多具体领域，而且就内容而言，又涉及设施配置、人员

① 卢映川，万鹏飞，等. 创新公共服务的组织与管理 [M]. 北京：人民出版社，2007：12.

组织、标准规范、经费保障、信息提供、责任约束等方面。同时，由于各领域性质和可经营程度的不同，在管理上又涉及直接提供、组织安排和监管等方面。①

（3）公共服务的动因及意义。

对于为什么要政府组织提供公共服务，无论是理论上还是实践中都经历了一个逐步认识和演变的过程。现在比较一致的认识可以从两个方面来理解：其一，市场失灵。公共服务作为公共产品，需求客观存在，市场不能自动有效地提供。其二，政府职责。世界银行认为，政府的公共服务来自公共责任，政府通过为有助于改善健康和教育状况的服务融通资金，提供服务或对服务进行管制来表明他们所承担的责任。

公共服务是社会分配公平的重要体现。一个文明健康的社会，不仅要注重成果的创造，更要注重成果的分配。公共服务反映了对发展成果的分享，其资金主要来源于政府的财政税收，总体上属于社会再分配。这种分配客观上要求必须体现公平、公正，以利于社会进步。

公共服务是持续发展的重要基础。公共服务不仅体现了对既有发展成果的分享，同时这种分享又为进一步发展创造了条件。例如，教育、卫生等公共服务实际上是一种人力资本投资，其收益虽然在当期不一定反映出来，却有着很大的潜在收益，为以后的持续发展奠定了基础。

总之，组织提供公共服务是政府的责任，公平享有公共服务是公民的权利。市场经济发展到今天，政府在公共服务组织提供上扮演着倡导者、提供者和监管者的角色。在全球化时代，政府提供公共服务的能力决定了社会公众对政府的信任度，决定了社会的凝聚力，决定了社会的

---

① 卢映川，万鹏飞，等. 创新公共服务的组织与管理［M］. 北京：人民出版社，2007：3-7.

稳定性和可持续发展。① 因此，关注公共服务的变革与效率已成为当今的一个世界性现象，并与市场经济环境下政府职责的有效履行、公民权利的保障、社会公平的维护以及可持续发展的实现等许多社会经济现实问题的解决联系起来，进而成为衡量发展水平和政府效能的重要尺度。

2. 行政服务

（1）行政服务的含义及内容。

行政服务的观念最早起源于英国。20 世纪 70 年代末 80 年代初，英国政府在撒切尔夫人执政后，为了改变传统官僚制带来的机构规模膨胀、人浮于事、效率低、部门利益倾向严重等弊端，竭力推行行政改革，力图满足社会公众对政府公共服务的要求，其中重要的一项是将企业的管理模式引入政府改革。在这一改革思路的引导下，企业的"超市"管理模式被引入政府管理，"一站式"服务中心在英国诞生，而相关的一系列改革举措，都是建立在选民对公共服务的需求上产生的。② 尽管各国的行政服务中心名称各异，但其本质都是"政府有效整合其职能，在一个集中的办公地点为公民提供全程、快捷、公开、透明服务的一种公共服务形式"③。公共行政服务中心是在社会转型时期，政府因原有的体制设计和制度实施在具体操作过程中遇到多重困难，从而探索出的一套理性制度模式。具体来说，行政服务是行政主体为了方便行政相对人，通过转变行政观念、优化审批程序、简化办事流程、实行窗口式服务等，以提高办事效率的各种行为的总和。

---

① 竹立家. 公共服务与全球化 [J]. 中国行政管理，2004（5）：64-65.

② 赵定涛，卢正刚. 我国行政服务中心存在的问题及其对策研究 [J]. 行政论坛，2004（2）：21-23.

③ 吴爱明，孙垂江. 我国公共行政服务中心的困境与发展 [J]. 中国行政管理，2004（9）：60-65.

　　这一定义包含四层含义：第一，行政服务有目的性。行政服务是相对于公共服务和公共物品而言的，是行政主体为了提供公共服务和公共物品而借助的事物或采取的手段方法。第二，行政服务不是单一的，是复合的。它是行政主体在确定公共服务目标后，至目标达成前所采取的一切资源、手段、方式和方法。第三，行政服务不是静态的，是动态的。即行政服务不仅指具体的提供公共服务和公共物品的方式、方法，还包括这些方式、方法的动态运用过程。第四，行政服务是公共服务工具选择、运用的结果。

　　行政服务包括三方面的内容：第一，统一服务。提供统一服务是行政服务一项独具特色的功能，各地方政府都把其政府的行政审批服务通过整合移植到各地的行政服务机构，统一一个站点、统一一个窗口、统一一个网站，为公众提供各类服务。第二，政务公开。行政服务实行服务项目、办事程序、申报资料、承诺时限、收费标准和依据、办事结果等的公开，是一种全方位的透明的操作过程，避免了少数工作人员弄权，使工作人员在阳光下操作。第三，信息反馈。行政服务机构的建设与发展电子政务紧密结合，实现了政务信息的公开。政务信息的公开会在公众与政府之间形成一个迅速而有效的互动机制，最终实现政府与公众之间的对话与交流。

　　有的日本学者认为，在现代国家，行政服务的范围和规模的划定并非由公共行政体制决定。因国家的不同，行政服务理所当然地具有多样性，而且也因时代的不同而不同。西尾胜认为，作为公共政策具体表现形式的行政服务的范围和内涵的扩展是福利国家的特征，对此应该从公共政策学的研究视角进行分析和研究，研究内容包括：对行政服务最终效果的事前和事后的评估；对行政服务可行性、有效性、合理性的前提条件的分析；对行政服务应对环境变化的适应性的分析。而行政服务的内容包罗万象，所涉及的学科众多，更需要对现实行政服务具体实施活动进行实证研究。① 在日本虽然行政服务存在着巨大的需求，但以政府直接提供行政服务来替代公共服务的时代已经过去，非营利组织、营利组织等公共服务主体开始进入传统的行政服务中，公共服务主体如何有效互动已经成为日本公共服务发展的课题，传统行政服务的概念在日本也发生了巨大变化。

（2）行政服务的对象。

行政服务是一种以全社会为服务对象的服务类型，这是它区别于其他任何服务的最显著的特点之一。行政服务的对象是十分广泛的，其分类方法也是多种多样的，大致可以分为以下六种。

第一，经济性组织，包括制造业、服务业、金融业等以及其他一切以营利为目的的组织。政府通过制定和执行公共政策影响和督导经济性组织的经营趋向、经营行为和经营方式，对它们进行必要的监督和检查，防止非法或不正当经营、生产行为的发生，使企业在良好的社会氛围中健康发展。

第二，社会性组织，包括社区团体、群众团体等一切非营利组织。这类组织通常有一个共同的宗旨或目的，但活动区域和影响则差别较大。一般来说，政府对这类服务对象的服务以登记制度和检查制度为主要方式，使这类服务对象在合法范围内有一个较为宽松的活动空间。

第三，政治性组织，包括政党和一切以政权或政治性权力为目的的组织。政府对它们的服务主要是依据法律促使它们按照政治竞争的规则开展政治活动，防止和制止一些有不良政治企图的组织扰乱社会秩序。

第四，教科文组织，包括学校、科研单位和各种文化团体。政府在

---

① 西尾胜. 行政学：新版 [M]. 毛桂荣，等译. 北京：中国人民大学出版社，2006：3－11，51－53，69－70.

多数情况下对这类组织予以支持、资助和提供各种便利，但同时要求它们遵守国家法律和政府行政法规，不得危害公共安全和公共健康。教育、科学和文化的公共服务，是政府公共服务的重点领域，在这些领域中，政府通常采取不同的公共供给战略，以满足不断增长的社会公共需求。

第五，新闻性组织，包括报社、新闻社、出版社、电台和电视台等一切新闻传播媒介组织。政府对它们的服务以不违背国家法律和政府行政法规为限度。这里所说的国家法律和政府行政法规，主要是指关于不得煽动以暴力推翻国家制度的法规、不得泄露国家机密的法规、不得毒害社会风尚或败坏社会公德的法规、不得危害他人和公众的法规等。

第六，公民，这是最大量的行政服务对象。政府对公民服务的原则仍然是以不违背国家法律和政府行政法规为前提，政府对公民的服务类型是多种多样的。

3. 行政服务与公共服务的联系和区别

在很多有关公共管理和政府改革的文献中，公共服务和行政服务交替使用的现象较为普遍。主要原因之一是，多数研究者认为，无论是政府还是非政府组织，提供的服务都是针对公众的，具有明确的公共性和公益性，因此必然是公共产品和服务，而且服务供给的手段大多也是通过行政体系来实现的，所以将二者视为同一概念，并不加以区分。对于什么是公共服务，理论上虽有很多不同的见解，但在很多情况下是含混不清的，而概念上的混乱又助长了实践中的混乱。从理论上讲，我们并不否认政府和非政府组织乃至政府合同外包的市场组织提供的是公共产品和服务，供给方式由行政手段来实施也占相当大的比重，但是由于论述问题的立足点和角度不同，行政服务和公共服务还是有很多具体的区别与联系的。这里有必要对二者进行简要区分，以便更加明确我们论述问题的关键点。

（1）行政服务和公共服务的外延不同。

严格地说，行政服务是公共服务的一部分。公共服务的内涵和外延极其广泛，以至于学术界和实务界对于"公共服务"的界定始终没有明确的领域和清晰的边界。学者们往往从与私人服务相对的一面来界定公共服务，认为私人服务体现的是以货币可支付能力为前提的私人谋利追求与消费者之间的市场关系；公共服务则是以公共权力或公共资源来满足社会公民普遍的社会需求。公共服务又分为纯公共服务和准公共服务，其中包括：纯粹由国家财政支付的纯公共服务，如国防、社会治安；由政府举办，但因公共服务等级的差别和可排他性的存在而可以由公民选择或付费的，如高等教育和收费公路，则可看作准公共服务。无论是政府部门，还是私人部门、非政府组织，凡是针对整个社会公民提供的具有公共性和公益性的服务，都在公共服务的内容之列。行政服务则不同，它是特指由政府部门运用行政体系的力量为社会提供的公共服务，它所界定的服务对象是公民整体。特定政府部门行政服务的对象为辖区所在社会公众，服务内容不会超出公共服务的范畴。

（2）行政服务和公共服务的主体不同。

行政服务的主体是具有公共权力和公共资源的政府部门。政府通过行政的力量规划公共服务的范畴、种类，按照不同部门、不同行政层级规定公共权力和分配公共资源，直接或间接进行公共产品及服务的生产和提供，以满足社会的普遍性需求。公共服务的主体强调多元化，政府只是公共服务的主体之一，具有不可替代的作用。非政府部门、社会中介组织或者私人企业同样也是公共服务的重要力量，在教育、交通、医疗、基础设施建设等方面发挥着重要作用，公共管理的核心观念之一就是强调公共服务的主体多元化，强调多元主体的参与和合作。简言之，公共服务是鉴于公共权力或公共资源介入的一种服务活动，而行政服务则是以国家行政部门即政府为主体的一种行政运作。

（3）行政服务改革和公共服务改革的侧重点不同。

行政服务改革的侧重点在政府部门内部，强调通过行政理念、制度和方式的变革提供优质的公共服务，注重的是以人为本的行政运作体系改革和政府职能的科学定位，重视政府服务供给的效率、成本、公平、权力、资源在不同部门、不同领域、不同层级的合理配置。公共服务改革的侧重点在于强调政府与社会、企业的多元共生的关系，同时也强调成本与服务质量，注重公共服务领域的界定和供给结构与方式的变革，以及多元主体目标、共识、信任及合作的达成。当然，行政服务和公共服务改革不可能截然分开，两者互相交叉、借鉴之处非常多。在某些领域，公共服务的改革趋势也是行政服务的改革方向。

3.2.2　行政服务机构

行政服务机构是指具有行政审批职能的部门、单位以及一些具有社会管理与服务功能的中介机构，相对集中在政府指定的场所为社会公众提供便捷式窗口服务的行政办公机构，包括专业性行政服务机构和综合性行政服务机构。其中，专业性行政服务机构由于涉及的部门众多，范围广泛，性质各异，不具有规律性，不是本书的主要研究对象。综合性行政服务机构，原名行政审批服务中心，在我国是一级地方政府设立的集信息与咨询、审批与收费、管理与服务、协调与沟通、投诉与监督于一体的综合性的办事服务机构。本书研究的行政服务机构主要是指这类综合性行政服务机构，通常称为"行政服务中心""政务服务中心"等。

1. 创建行政服务机构的原因

在我国，综合行政服务机构大多产生于21世纪初，尤其是《行政许可法》颁布前后。我国综合行政服务机构的产生，顺应了建设服务型政府的现实要求，是在政府公共服务方式和服务程序方面的一种新的探索。其产生的原因大体可以分为事实原因和法律原因。

（1）事实原因（背景）。

1）国际背景。20世纪90年代以后，西方国家"重理管理""重塑政府"的改革兴起。由于信息技术的迅速发展，美国企业界率先发起了一场名为"重理管理"的管理革命，其基本导向是在新技术，特别是信息技术的支持下，重新清理、评价并大幅改善原有的管理方式和管理程序，从而有效地降低管理成本，提高管理效率。随后，这一"重理管理"波及公共部门，引发了公共部门的重理。要求政府为公民提供的服务增强回应性、提高效率、降低成本。"重塑政府"的意义主要有二：一是进一步确立了服务型政府的理念；二是创造了全新的服务型政府的行为方式和行为程序，并给政府雇员的素质要求、政府内外各方利益关系的全面调整等诸多方面带来明显变化。

2）国内背景。加入WTO后，我国享有多边最惠国待遇，这极大地改善了我国的国际贸易环境。WTO以市场经济为基点确立了一整套经济贸易规则和法律制度框架，我国政府必须以积极态度和有效作为进行适应性调整。

（2）法律原因。

我国先后颁布了《行政诉讼法》《国家赔偿法》《行政处罚法》《监察法》《行政复议法》《立法法》《行政许可法》《治安管理处罚法》《公务员法》等。这些集中式行政法典既是行政权力运行的规则，也贯彻了许多先进的法律理念，为新的执法方式的产生奠定了法律基础。其中，与行政服务机构的产生有密切关系的法律规则和法律理念主要有以下几种。

1）行政便民。行政便民是指行政机关应当尽可能采用便捷方式，方便行政相对人与政府打交道，并为行政相对人提供周到的服务。我国许多法律对此都规定了具体的、可操作的便民措施。

2）行政公开。行政公开是指行政机关的重大行政行为或与公民权利义务直接相关的行政行为，要通过一定的方式让公民知晓，以保障行政相对人的知情权。行政相对人的知情权则对应着行政机关必须履行的告知义务。

3）行政效率。法律主要通过一些保障规定来保证行政效率。第一，在保障行政相对人基本人权和公平行政的前提下，规定简易行政程序，使行政手续简单化。第二，设置时效或期间制度，使行政行为的各个步骤都受到法定时间的限制而不得拖延。行政机关的拖延，可能造成默许相对人的权利。第三，规定替代制度，即在行政机关及其工作人员不能履行法定义务时，由上一级行政机关或者由其他工作人员代为履行的制度。

这些法律规则和法律理念要求各级政府采用最合适、最便捷、最能够为行政相对人看得见的方式，为其提供优质、高效的服务，否则就有违于这些法律规则和法律理念。综合行政服务机构由于办公地点、办事程序和工作制度等方面的特点，集中体现了服务行政、阳光行政、高效行政的要求，因而是正当合法的。

1999 年，浙江省率先进行了综合行政服务机构建设的试点，2001年国务院下发《国务院批转关于行政审批制度改革工作实施意见的通知》后，全国各地陆续开始成立综合行政服务机构。正是在这样的背景下，各地政府为方便群众，改善投资环境，促进地方经济和社会发展，审时度势，锐意改革，在总结经验的基础上，纷纷组建综合性行政服务机构。因为它最初主要是推行行政审批制度改革的重要载体，所以名称上多以"行政审批服务中心"命名，后来业务逐步扩展到包括信息与咨询、审批与收费、管理与服务、协调与沟通、投诉与监督等方面，则多以"行政服务中心""政务服务中心""便民服务中心""行政许可服务中心""政务办事大厅""政务超市"等命名。

2. 创建行政服务机构的目的

行政服务机构的建设多以便民、高效、廉洁、规范为宗旨，推行"一站式办公、一条龙服务、并联式审批、阳光下作业、规范化管理"的运行模式。其目的主要体现为以下几个方面。

（1）集中办事，方便群众。

具有行政审批职能的部门在中心设立窗口集中办公，将行政相对人需要跑多个部门才能办成的事，变为只跑中心一处就能办成，极大地方便了办事群众。"变群众跑为干部跑""变外部跑为内部跑"，真正体现了人民政府以民为本的思想和为民服务的宗旨。

（2）加强监督，提高效率。

在中心的统一要求、组织、监管和协调下，对进入中心的所有审批事项都做出公开承诺、限时办结；特别是通过并联审批，切实简化了办事程序、有效提高了办事效率。同时，各单位之间、窗口工作人员之间的相互监督，中心管理人员和社会公众相结合的监督，使监督工作更好地落到实处。

（3）阳光作业，防止腐败。

建立公开、透明的告知制度，服务项目、受理条件、办事程序、办结时限、收费项目、收费标准、办事结果、行为规范、管理规章等全面公开，实行阳光作业，保障了行政相对人的知情权，保证了行政审批的公正与规范，有效地预防和减少了暗箱操作、权力寻租、"吃拿卡要"等腐败现象的发生，改善了政府及其部门的形象。

（4）规范收费，有利财政。

严格按照规定标准收费，减少了部门自由裁量收费数额的随意性，全部收费直接进入财政统一账户，透明了各部门资金状况，方便了财政对各部门资金的有效监管，防止了资金流失，保证了财政收入。同时，扩大了财政资金的调度空间，并且有助于减小部门收入差距。

3.2.3　行政服务机构建设

关于行政服务机构建设，学术界尚无明确的界定。本书认为，所谓行政服务机构建设，就是各级政府以建设服务型政府为目标，以行政审批制度改革为动力，以电子政务建设为契机，用改革和创新的精神来建设行政服务机构的一系列主动的创造性活动。本书中主要是指针对综合性行政服务机构的建设活动。

我国的行政服务机构建设多是地方政府的一种主动的创造性活动，是地方政府自主性和制度创新的一种重要体现。[①] 在实践中，行政服务机构建设具有重要的意义，主要体现为以下几个方面。

（1）有利于改善干群关系。

建立行政审批服务中心，不仅仅是公众得到了方便和少跑路，更重要的是塑造了高效、廉洁、亲民、为民的政府形象，实现了和谐有序。

（2）有利于促进政府职能转变和行政管理体制改革。

行政审批服务中心的建立，从服务机制、服务环境上促使原有问题

---

① 有关地方政府自主性的研究与讨论，详见：何显明. 市场化进程中的地方政府行为逻辑 [M]. 北京：人民出版社，2008：75–121.

得到有效改善，并成为深化行政管理体制改革、推进服务型政府建设的试验场、检验台和突破口。

（3）有利于建设法治政府，从源头上预防和遏制腐败。

这种集中审批模式，客观上规范了审批程序，实现了有效监督。同时，审批事项进一步清晰明确，行政许可设定清楚规范，审批过程公开透明，避免了乱设行政许可事项和随意增设行政许可主体。

3.3　理念、制度和技术：一个尝试性的分析框架

3.3.1　行政服务机构建设的实践与困境

在我国行政体制改革的进程中，本身就带有很强实践性的行政服务机构，不断地进行着自我变革与完善。在这个过程中，各地行政服务中心是主要的实践者与探索者。各级行政服务中心设立后取得了良好的社会效益，对规范行政审批行为、预防审批腐败、推进电子政务建设、转变政府施政方式都发挥了积极作用。① 具体表现在以下几个方面：一是促进服务优化，方便了群众和企业办事；二是强化监督机制，提高了审批效率；三是运用先进技术，推进了电子政务的建设；四是转变施政方式，有利于服务型政府的建设。由于受到诸多因素的影响和限制，各地行政服务中心在取得成绩的同时，也面临一些问题，并出现了一些发展困境：一是发展定位困境；二是资源整合困境；三是组织管理困境。

---

① 江红义，陶欢英. 行政服务中心：绩效、困境与走向 [J]. 中国行政管理，2007（3）：47-50.

3.3.2　行政服务机构建设研究的困惑与思考

近年来，有关行政服务机构建设的研究开始活跃起来。有的学者肯定"一站式"行政服务机构对促进服务型政府建设的意义。① 也有的研究者质疑行政服务机构是在减少政府体制漏洞从而弥合服务缝隙，还是增加体制分割从而扩大服务缝隙。② 有的研究者认为行政服务中心是在原有行政审批制度基础上的一种派生制度安排。中央政府、地方政府和微观主体在这一制度安排中找到了各方对制度供求的均衡点，并使之产生了良好的经济绩效、政治绩效和社会绩效。也有的研究者通过引入行政流程再造的经验视角，检视到行政服务中心具有行政成本负担和"符号化"问题等缺陷，行政服务中心是行政体制改革过程中"间断式均衡"的产物，在效率机制和合法性机制双重作用下，凭借"蜂巢"式组织结构完成了数量增长和地域扩张。③ 还有的研究者通过个案研究的方式，运用行动者系统组织理论的分析框架，力图展现行政服务机构运作的真实故事和内在机制。④ 作为我国地方政府的一项管理创新，行政服务机构的建设和发展受到了社会的广泛关注和认可。但学术界现有的研究文献要么是针对行政服务机构建设中存在问题的对策研究，要么是基于某一理论视角或某一概念框架，对行政服务机构的运作过程和机

---

① 陈时兴. 行政服务中心对行政审批制度改革的机理分析 [J]. 中国行政管理，2006 (4)：36-39.

② 陈翔. 地方行政服务中心的定位和方向 [J]. 决策，2008 (2)：80.

③ 王胜君，丁云龙. 行政服务中心的缺陷、扩张及其演化：一个行政流程再造视角的经验研究 [J]. 公共管理学报，2010 (4)：24-30.

④ 谭海波. 地方行政服务机构的运作机制及其逻辑：广东省 J 市行政服务中心的个案考察 (1997—2011) [J]. 公共管理学报，2012 (4)：39-54，124-125.

制所做的细致考察和分析。而关于行政服务机构建设和发展的基本逻辑和运行机制，仍然缺乏系统的理论分析和研究。

3.3.3 一个尝试性的整合分析框架

行政服务机构建设是公共管理学科中的一个实践性非常强的地方治理活动。虽然国内学术界对于行政服务机构建设的研究越来越丰富，但学者们往往从单一学科、单一视角或运用某一案例来分析和研究行政服务机构建设的相关问题，难以构成对行政服务机构建设和发展的整体性解释和思考，难以给行政服务机构建设的实践者以整体性的启发与参考。

本书尝试打破从单一学科、单一视角或运用某一案例来研究行政服务机构建设的局限性，以对转型社会与信息社会这一行政服务机构建设的总体背景的考察和对行政改革与制度创新这一行政服务机构建设的研究主题的分析为立足点，以国内外相关文献检索为基础，从中西方行政服务的代表性思想和西方公共行政的典型性理论中寻找研究我国行政服务机构建设的理论资源，理论结合实践，创造性地提出了一个尝试性的整合分析框架：理念、制度和技术。这一分析框架的提出既得益于笔者长期对地方治理的制度创新和地方行政服务机构建设的关注和思考，也得益于笔者近年来参与的地方政府制度创新的一系列改革咨询的实践活动。

本书认为，这一分析框架不仅能给从事行政服务机构建设的改革者以整体性的启示和参考，而且能够起到抛砖引玉的作用，启发从事行政服务机构建设的研究者对此做出更为深入的学术思考。

第 4 章

佛山经验：我国地方政府行政服务机构建设的案例研究

　　我国的行政服务机构建设主要体现为一些地方政府行政改革的创新
实践，因此，以地方政府行政服务机构建设的实践为案例，展开相应的
实证研究，研究和探讨我国地方政府行政服务机构的建设规律和逻辑，
对于继续推进服务型政府的建设显得尤为必要。本书选取广东省佛山市
作为研究的对象，既有普遍意义，也有一定的典型意义。其普遍意义在
于，我国的行政服务机构多是地市、区县级，相对比较成熟和普遍，佛
山市属于经济比较发达的地级市，当然，其地区经济发展也有不平衡的
情况。其典型意义在于，佛山市在体制改革方面做了诸多有益的尝试，
也产生了一定的影响：2002 年年底，行政区划改革和调整，五区（县
市）整合建市，成为广东省第三大城市；2003 年 3 月，佛山市人民政
府行政服务中心成立，掀起了持续而富有成效的行政审批制度改革，在
广东省乃至全国都产生了非常好的示范效应；2008 年，佛山市顺德区
党政联动的大部制改革在全国引起极大的轰动，成为我国区县级大部制
改革的典范；2009 年下半年，顺德区获地级市管理权限，2011 年 2 月，
又获批为广东省"省直管县"的唯一试点，以行政体制改革为主线开
展深化综合改革试验，进一步探索"省直管县"体制改革模式。2009

年8月，佛山市顺德区容桂街道和佛山市狮山镇成为广东省"强镇扩权"改革四大试点镇中的两个，试点推进"简政强政"的事权下放改革，分别为城市行政管理体制改革和城市化进程中的乡镇管理体制改革探路。

4.1 佛山市行政服务机构建设的基本概况

为了进一步加快政府职能转变和行政审批制度改革，促进依法行政、简政放权和政务公开，优化政府服务和投资环境，2002年12月29日，佛山市政府根据2002年佛山市第十一届人民代表大会第五次会议提出的1号议案，按照"公开、规范、高效、廉洁"的运行管理理念，高标准组建了佛山市的综合性行政服务机构——佛山市人民政府行政服务中心（以下简称"佛山行政服务中心"）。根据佛山市政府赋予的职能，佛山行政服务中心除承担佛山市行政审批制度改革的日常工作外，专门高标准建设了行政服务大厅，组织、协调、监督有关行政职能部门的审批服务项目以及与之相配套的部分企事业机构的服务项目实行集中办公，向社会提供"一站式"和"一条龙"的便民服务。

行政服务大厅于2003年3月28日正式启用，位于佛山市禅城区季华五路28号公交大厦一至五层，对外办公面积约8000平方米，设窗口席位112个，进驻工作人员约200人。

佛山行政服务中心正式面向社会运作以来，形成了较大的人流量和业务量。随着运作模式的进一步完善，佛山行政服务中心已逐步成为政府集中资源提供公共服务、实行政务公开的平台，成为帮助企业、群众解决实际问题的重要场所，成为联系政府和社会的重要纽带和收集民意、采集社会管理信息的重要途径。具体表现为：遵循公开、透明的原则，推行"阳光"行政；遵循依法、规范的原则，推动审批制度改革和创新；遵循便民、高效的原则，建设"一站式"服务大厅；遵循公正、廉洁的原则，推动行政效能建设。

4.2 佛山市行政服务机构建设的成绩与问题

随着城市化和国际化的不断推进，佛山市构建了以市、区、镇街、村居四级行政服务中心为依托的政府行政服务体系，充分发挥行政服务中心在行政审批制度改革中的载体作用，按照便民、高效、廉洁、规范的服务宗旨，不断完善服务功能，规范运作方式，强化监督管理和行政服务中心的自身建设；同时以职能整合为导向，以标准统一为基础，以流程优化为目标，以信息技术为配套，以制度规范为保障，不断推进流程改革，在简化企业办事环节，促进行政效能提升，优化政府部门行政服务，改善营商环境和投资环境等软环境，促进经济社会健康发展方面采取了一些具体做法，取得了很好的阶段性成绩，但同时也存在一定的问题。

4.2.1 佛山市行政服务和投资软环境的调查研究

2011 年 5 月至 8 月，笔者受佛山市人民政府行政服务中心委托，组织了一个调研团队，作为第三方以"参与式研究"的方式对佛山市行政服务和投资软环境展开了为期三个月的深入调研。调研采用了以问卷调查法和实地访谈法为主、网络调查法和文献调查法为辅、定量分析和定性分析相结合的方式进行。这次调研虽然未必能够反映佛山市行政服务机构建设的全貌，但调研中获取的大量实证资料，为笔者深入研究佛山市行政服务机构建设的基本状况、主要成绩和存在问题提供了便利。

问卷调查采用分层随机抽样的方式，从佛山市各区到佛山行政服务中心来办事的企业中随机抽取涉及不同企业性质（见图4-1）、不同投资规模（见图4-2）、不同行业（见图4-3）的340家企业，进行了投资软环境企业满意度测评的问卷调查，发放调查问卷340份，收回问卷315份（禅城区81份，南海区74份，三水区81份，高明区79份)①，回收率为92.65%，其中合格答卷305份（禅城区77份，南海区73份，三水区77份，高明区78份），合格率为96.83%。问卷调查主要是通过定量统计分析发现佛山市行政服务和投资软环境方面存在的普遍性问题。

图4-1　佛山市行政服务和投资软环境调查企业性质分类占比

①　由于调研时顺德区已经被赋予地级市经济社会管理权限，故此次调研没有包含顺德区的调研资料。

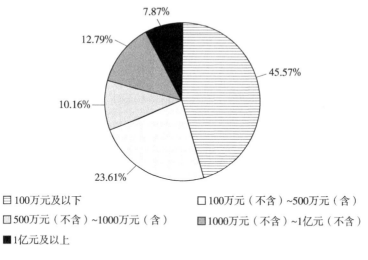

图 4-2　佛山市行政服务和投资软环境调查企业规模分类占比

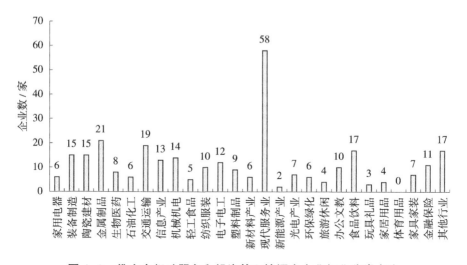

图 4-3　佛山市行政服务和投资软环境调查企业行业分类占比

　　实地访谈主要根据问卷调查反映的普遍性问题，走访了佛山市为企业办事和服务比较密切的五家行政部门①，随机走访了佛山高新技

————————

　　① 五家行政部门分别是佛山市工商行政管理局、佛山市经济贸易局、佛山市投资促进中心、佛山市对外贸易经济合作局、佛山高新技术产业开发区管理委员会。

术产业开发区内不同行业和不同投资规模的五家典型企业①，进行更为深入的访谈调查，以便通过定性分析发现佛山市行政服务、投资软环境更为突出的典型性问题。

文献调查和网络调查则是通过查阅各级政府部门上报和在调研过程中提交的工作报告、工作计划、政府文件和资料汇编，浏览各级政府部门的网站，基本把握佛山市、区两级人民政府行政服务中心建设概况及相关政府服务部门的行政服务，特别是为公民和企业服务概况，最后结合调研结果，形成对佛山市行政服务和投资软环境取得的成绩和存在的问题的对比分析。

调研从政策环境、法治环境、行政环境、市场环境、配套环境和人文环境六大层面，对佛山市以行政服务为中心的软环境进行满意度测评，总结成绩，发现问题，并在此基础上，深入剖析佛山市各级行政服务机构建设采取了哪些具体做法，取得了哪些成绩，还存在哪些问题。

1. 佛山市行政服务和投资软环境的总体满意度状况

在调查中，绝大部分企业表示佛山市的行政服务和投资软环境有改善，其中，38.03%的企业认为佛山市投资软环境有明显改善，47.21%的企业表示有改善，但仍不令人满意（见图4-4）。说明经过各级政府部门和各类企业的共同努力，佛山市投资软环境日臻完善，基础设施建设不断加强，产业承载能力大大提高。但同时必须注意的是，虽然共有85.24%的企业表示有改善，但仍有高达47.21%的企业表示不太令人满意，另有12.79%的企业认为没什么变化，1.64%的企业认为有变坏的趋势，0.33%的企业认为有明显恶化。这表明佛山市行政服务和投资软

---

① 五家受访的典型企业分别是佛山分析仪有限公司、佛山普立华科技有限公司、佛山华新包装股份有限公司、佛山市日丰企业有限公司、腾龙光学（佛山）有限公司。

环境总体上是有很大改善的，但在某些具体方面仍然存在一定的问题，从而影响到部分企业对其满意度的评价。

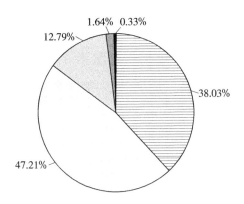

□有明显改善　□有改善，但仍不令人满意　□没什么变化　▨有变坏的趋势　■明显恶化

图 4-4　企业对佛山市行政服务和投资软环境改善状况评价占比

调查反映，佛山市投资软环境总体明显趋好，大部分企业也给予了充分肯定，并对未来发展充满信心，这从企业未来在佛山市的投资规模变化意愿可以看出：56.72% 的企业表示投资规模会进一步加大，41.64% 的企业表示会维持不变，只有 1.64% 的企业表示会减少投资（见图 4-5）。

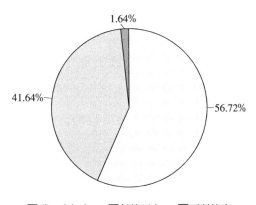

□进一步加大　□保持不变　▨不断缩小

图 4-5　企业未来在佛山市投资规模变化意愿占比

但是，企业普遍反映在佛山市的投资成本较高，其中认为佛山市投资成本很高的企业占到 3.28%，认为投资成本较高的企业占到 44.26%，二者加起来将近一半，而认为投资成本一般的企业占到 52.46%，没有企业认为投资成本较低或是很低（见图 4-6）。这说明佛山市的投资成本对绝大多数的企业而言，总体上是一般略偏高。

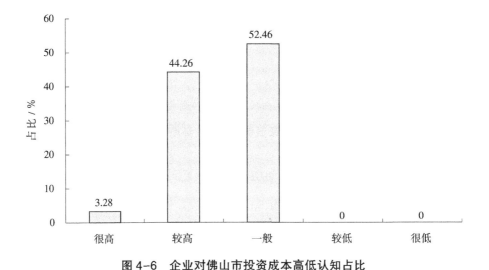

图 4-6　企业对佛山市投资成本高低认知占比

调查显示，企业认为佛山市投资成本较高的主要原因首先是土地成本高（47.46%），主要是由于城市化进程加快，地价不断上升所致；其次是税收较高（44.92%）；再次是行政收费高（13.14%），这也是不容忽视的因素（见图 4-7）。另外，对典型企业进行访谈时发现，企业的员工工资和福利（如住宿条件和交通出行的改善）成本的上升也是投资成本上涨的因素之一。

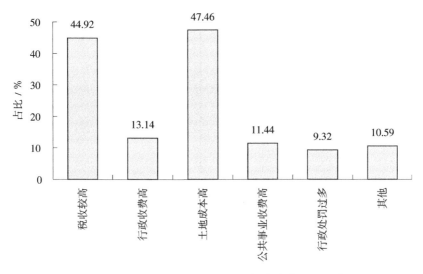

图 4-7　企业认为佛山市投资成本较高的主要原因占比

2. 佛山市行政服务和投资软环境的分类满意度状况

（1）政策环境。

企业对佛山市出台的有关促进外资或民营经济发展的优惠政策的了解情况普遍一般。其中，3.93% 的企业认为相关政策很好，20.01% 的企业认为较好，59.34% 的企业认为一般，6.56% 的企业表示了解得较差，10.16% 的企业表示不了解（见图 4-8）。可见佛山市大部分企业对有关促进外资或民营经济发展的优惠政策的了解并不充分，有关政府部门应进一步加大优惠政策的宣传，以及通过多种手段和方式加强与企业的信息沟通。

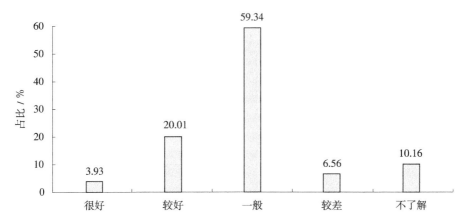

图4-8 企业对佛山市有关促进外资或民营经济发展的优惠政策的了解情况占比

企业对佛山市的各项政策的满意度普遍认为一般，这反映出相关部门对优惠政策的出台与制定，特别是执行的力度仍需进一步加强。其中，企业普遍满意的政策主要集中在科技扶持政策及资助政策、社会保障政策；普遍不满意的政策主要反映在人才引进与劳动用工政策和税收优惠政策（见图4-9）。

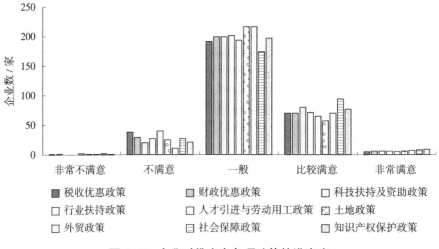

图4-9 企业对佛山市各项政策的满意度

企业普遍认为佛山市政策环境存在的主要问题体现在三个方面：一是优惠政策兑现和落实不够；二是政策的公平性不够；三是政策的创新性不够。调查显示，36.72%的企业反映优惠政策兑现和落实不够，30.49%的企业反映政策的公平性不够，27.21%的企业反映政策的创新性不够（见图4-10）。

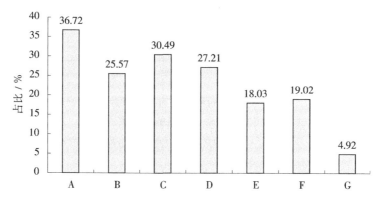

图4-10 企业认为佛山市政策环境存在的主要问题占比

注：A—优惠政策兑现和落实不够；B—政策与法规的连续性不够；C—政策的公平性不够；D—政策的创新性不够；E—新旧政策相互矛盾或抵触；F—政策执行的随意性太大；G—其他。

（2）法治环境。

企业对佛山市出台的有关促进外资或民营经济发展的法律法规的了解情况普遍为一般。其中，2.95%的企业表示了解得很好，16.07%的企业表示了解得较好，68.52%的企业反映了解程度为一般，3.93%的企业表示对相关法律法规了解得较差，8.52%的企业表示不了解（见图4-11）。可见，有关部门应加大相关法律法规的宣传。

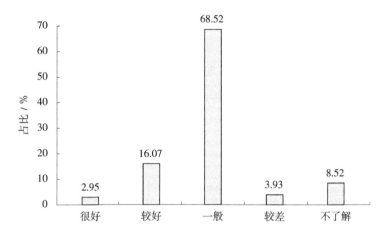

图 4-11　企业对佛山市有关促进外资或
民营经济发展的法律法规的了解情况占比

注：由于对数据进行了四舍五入处理，百分比之和可能不为 100%，后同。

　　从企业在政府部门办事过程中感受到的相关法律法规相互矛盾或抵触的情况来看，52.46% 的企业表示较少，16.39% 的企业表示较多，1.97% 的企业反映为很多，15.41% 的企业认为没有（见图 4-12）。这表明经过对行政法规的清理，政府部门出台的法律法规相对规范了很多。

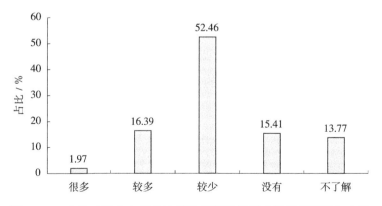

图 4-12　企业对佛山市相关法律法规相互矛盾或抵触情况认知占比

　　在佛山市各级政府部门依法行政、执行法律法规的总体情况方面，

29.84%的企业认为比较好，4.26%的企业认为很好，说明企业认为佛山市各级政府部门依法行政、执行法律法规的总体情况一般偏好（见图 4-13）。

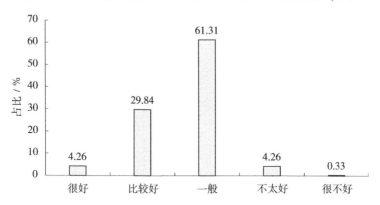

图 4-13 企业认为佛山市各级政府部门依法行政、执行法律法规的总体情况占比

（3）行政环境。

对于佛山市进驻到行政服务中心的服务部门，综合来看，没有非常不满意的情况，企业比较认可的是窗口工作人员的业务素质和职业道德（见图 4-14）。由上述分析可以得出，绝大部分企业对佛山市进驻到行政服务中心的服务部门总体满意度较高，但也有一部分企业反映，有些行政服务部门的办事效率还不够高，行政收费也有不够合理的地方。

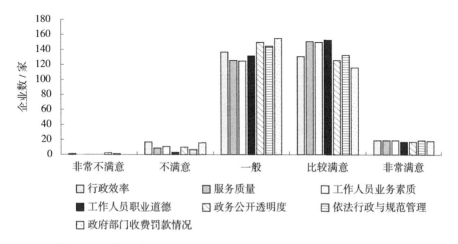

图 4-14 企业对佛山市进驻到行政服务中心的服务部门的满意度

对于佛山市没有进驻到行政服务中心的服务部门，综合来看，企业相对比较满意的还是工作人员的业务素质和职业道德（见图4-15）。

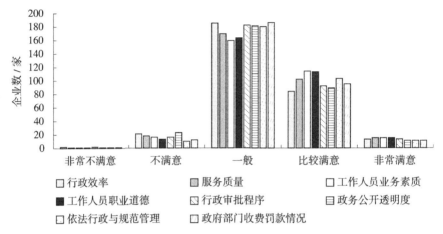

图4-15 企业对佛山市未进驻到行政服务中心的服务部门的满意度

企业对于佛山市12个行政服务部门和公用事业单位服务的总体评价，主要集中在一般与比较满意这两种态度上（见图4-16）。

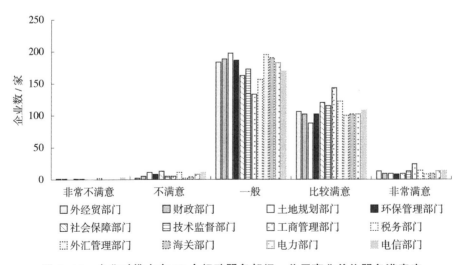

图4-16 企业对佛山市12个行政服务部门、公用事业单位服务满意度

（4）市场环境。

对于佛山市的市场环境监督力度，74.43% 的企业表示基本满意，14.75% 的企业表示满意，10.82% 的企业表示不满意（见图 4-17）。

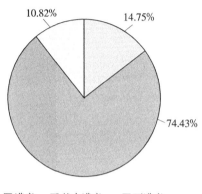

□满意　■基本满意　□不满意

图 4-17　企业对佛山市市场环境监督力度的满意度占比

12.13% 的企业认为佛山市存在准入壁垒，且门槛较高；48.85% 的企业认为有，但门槛较低；39.02% 的企业认为没有门槛（见图 4-18）。

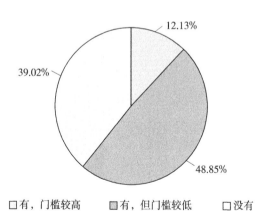

□有，门槛较高　■有，但门槛较低　□没有

图 4-18　企业对佛山市存在市场准入壁垒的认知占比

对于造成佛山市市场准入壁垒的主要动因，60.33% 的企业表示不了解，26.89% 的企业认为是市场规律，12.78% 的企业认为是行政干预

所致（见图4-19）。这说明随着经济发展的转型升级和产业的"双转移"，佛山市还不可避免地存在一定的市场准入壁垒，但有些市场准入壁垒恰恰是经济社会发展和转型升级的客观要求。

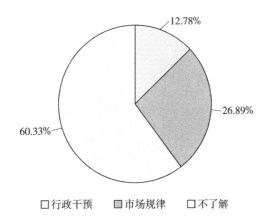

图4-19　企业认为造成佛山市市场准入壁垒的主要动因占比

对于佛山市的社会信用环境，36.72%的企业对个人信用感到最不满意，35.74%的企业对企业信用最不满意，17.05%的企业则表示对行政信用最不满意（见图4-20）。可知，加强个人与企业的信用建设是很有必要的。

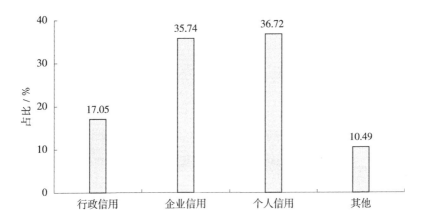

图4-20　企业对佛山市的社会信用环境最不满意占比

（5）配套环境。

在金融部门对企业发展支持的满意度方面，65.25% 的企业表示一般，24.26% 的企业表示比较满意（见图 4-21）。通过访谈发现，金融机构普遍对大中型企业的支持力度较大，中小型民营企业仍存在融资难的问题。

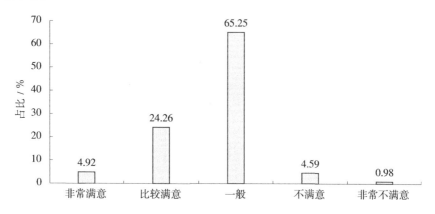

图 4-21　金融部门对企业发展支持的企业满意度占比

关于佛山市的配套服务环境对企业的生产经营影响的总体评价，62.95% 的企业认为是基本有利的，22.62% 的企业认为是比较有利的（见图 4-22）。

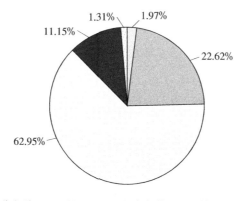

□十分有利　▨比较有利　□基本有利　■不利　□十分不利

图 4-22　企业认为佛山市配套服务环境对企业生产经营的影响占比

（6）人文环境。

企业对佛山市人文环境的评价总体集中在一般和比较满意（见图 4-23）。调查显示，企业对佛山市的饮食娱乐设施、生态居住环境和新闻媒体状况的满意度较高。

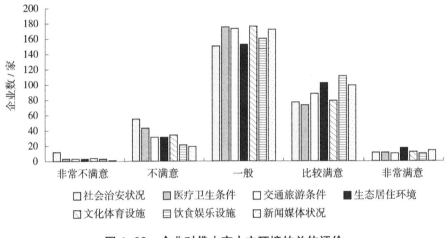

图 4-23 企业对佛山市人文环境的总体评价

3. 佛山市行政服务和投资软环境满意度的对比分析

由于佛山市各区的经济水平发展并不均衡，企业对佛山市投资软环境的评价会因各区基本情况不同而有所差异，以佛山市为基准，对四区（禅城区、南海区、三水区、高明区）投资软环境进行对比分析，有利于发现各区投资软环境的情况和差距所在。在调查中，对于佛山市投资软环境的总体变化趋势，绝大部分企业的评价都集中在有改善（包括有明显改善和有改善但仍不令人满意），占 85.24%，其中，认为有明显改善的企业占 38.03%。具体到各区，依次是禅城区占 88.31%、南海区占 87.67%、高明区占 85.90%、三水区占 80.52%，只有三水区低于佛山市基准值 85.24%，其他区都高于佛山市基准值 85.24%。具体说来，企业认为投资软环境有明显改善的，各区依次是禅城区占 49.35%、高明区占 42.31%、三水区占 40.26%、南海区占 32.88%，只有南海区低于佛山市基准值 38.03%，其他区都高于佛山市基准值；企业认为投资软环境有改善但仍不令人满意的，各区依次是南海区占 54.79%、高明区占 43.59%、三水区占 40.26%、禅城区占 38.96%，只有南海区高于佛山市基准值 47.21%，其他区都低于佛山市基准值（见图 4-24）。

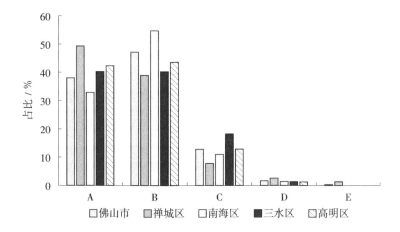

图 4-24　佛山市投资软环境的总体改善状况各区对比

注：A—有明显改善；B—有改善，但仍不令人满意；C—没什么变化；D—有变坏的趋势；E—明显恶化。

关于未来在佛山市的投资规模变化意愿，各区大部分企业都倾向于进一步加大，少数企业倾向于保持不变，极少数企业倾向于不断缩小。其中，南海区的企业增资意愿最强，占 76.71%，大大超过了佛山市基准值 56.72%；禅城区占 55.84%，基本接近佛山市基准值；三水区占 46.75%、高明区占 42.31%，低于佛山市基准值。企业保持投资规模不变的意愿占比，高明区占 56.41%、三水区占 53.25%，高于佛山市基准值 41.64%；禅城区占 41.56%，接近佛山市基准值；南海区占 20.55%，低于佛山市基准值（见图 4-25）。

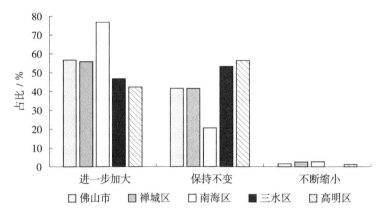

图 4-25　企业未来在佛山市投资规模变化意愿各区对比

对于佛山市投资成本来说，各区绝大多数的企业总体反映一般略偏高，与佛山市趋势一致。但是综合来看，各区企业对投资成本高低的认知还存在一定的差异，其中企业认为禅城区的投资成本相对较高，三水区的投资成本相对较低（见图 4-26）。

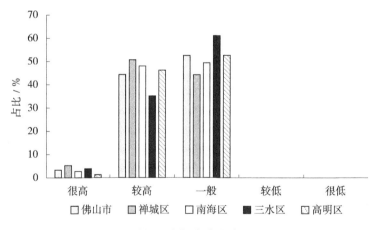

图 4-26　企业对佛山市投资成本高低认知各区对比

在认为投资成本较高的企业中，大部分企业认为佛山市投资成本较高的原因在于税收较高和土地成本高（见图 4-27）。其中，认为原因是税收较高的企业占比最高的是禅城区，最低的是高明区；认为原因是土地成本高的企业占比最高的是高明区，最低的是南海区。

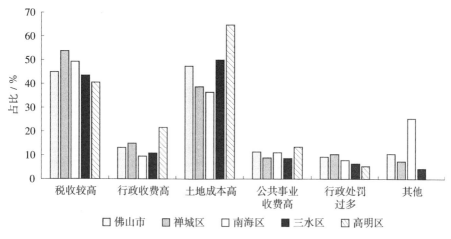

图 4-27　企业对佛山市投资成本高的原因认知各区对比

（1）政策环境的各区对比分析。

企业对佛山市出台的有关促进外资或民营经济发展的优惠政策的了解情况，四区大部分都集中在一般（见图 4-28）。

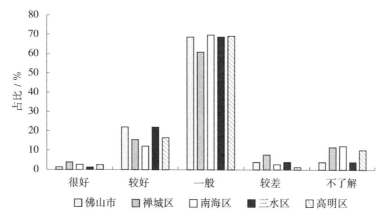

图 4-28　企业对佛山市有关促进外资或
民营经济发展的优惠政策的了解情况各区对比

企业对佛山市各项政策的满意度普遍认为一般，且不同的区满意度有差别（见图4-29~图4-32）。

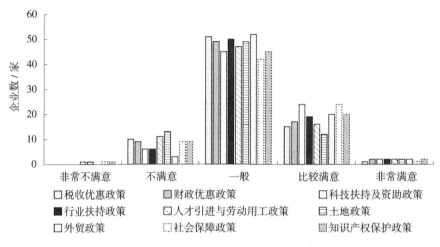

图4-29　禅城区企业对佛山市各项政策的满意度

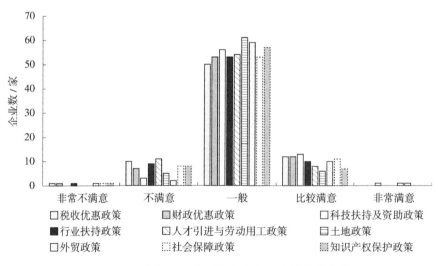

图4-30　南海区企业对佛山市各项政策的满意度

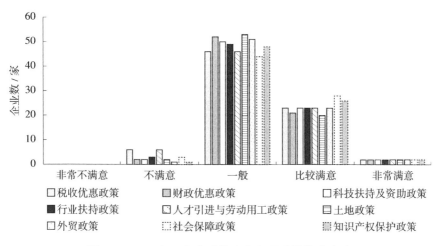

图 4-31　三水区企业对佛山市各项政策的满意度

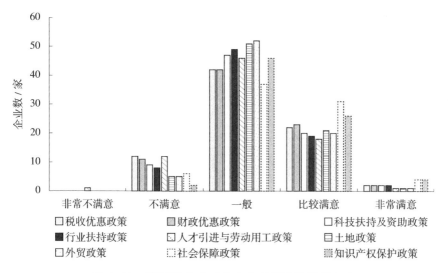

图 4-32　高明区企业对佛山市各项政策的满意度

　　企业普遍认为佛山市政策环境仍存在一些问题，但就各区来说，企业认为存在的主要问题体现有所不同（见图 4-33）。

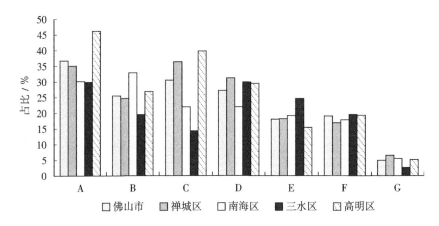

图 4-33　企业认为佛山市政策环境存在的主要问题各区对比

注：A—优惠政策兑现和落实不够；B—政策与法规的连续性不够；C—政策的公平性不够；D—政策的创新性不够；E—新旧政策相互矛盾或抵触；F—政策执行的随意性太大；G—其他。

（2）法治环境的各区对比分析。

企业对佛山市出台的有关促进外资或民营经济发展的法律法规的了解情况，四区大部分都集中于一般（见图 4-34）。

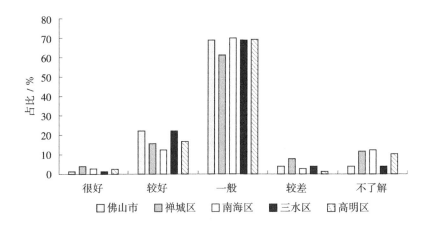

**图 4-34　企业对佛山市有关促进外资或民营经济发展的
法律法规的了解情况各区对比**

从企业在政府部门办事过程中感受到的相关法律法规相互矛盾或抵

触的情况来看，四区都集中于较少（见图 4-35）。

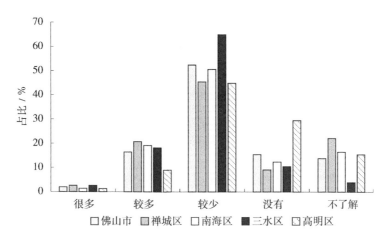

图 4-35　企业认为相关法律法规相互矛盾或抵触情况各区对比

在佛山市各级政府部门依法行政、执行法律法规的总体情况方面，四区大部分都集中于一般（见图 4-36）。

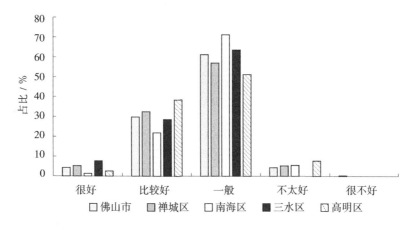

图 4-36　企业认为佛山市各级政府部门依法行政、执行法律法规总体情况各区对比

（3）行政环境的各区对比分析。

企业对于佛山市各区进驻到行政服务中心的服务部门的满意度见图 4-37～图 4-40。

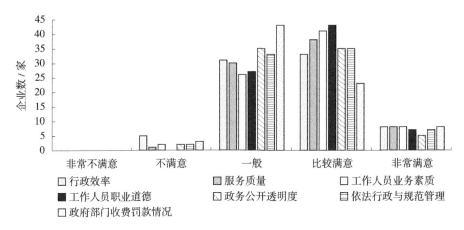

图4-37 企业对禅城区进驻到行政服务中心的服务部门的满意度

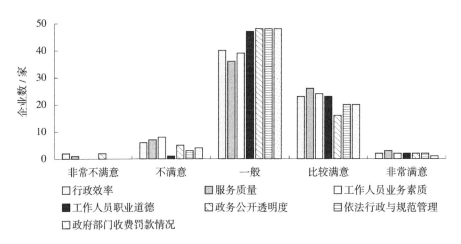

图4-38 企业对南海区进驻到行政服务中心的服务部门的满意度

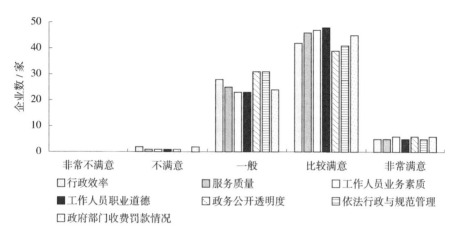

图 4-39　企业对三水区进驻到行政服务中心的服务部门的满意度

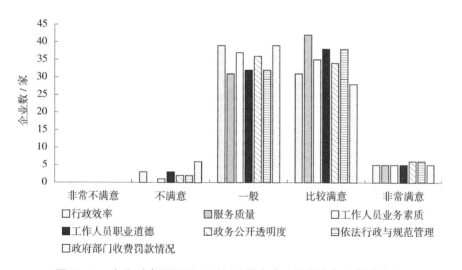

图 4-40　企业对高明区进驻到行政服务中心的服务部门的满意度

企业对于佛山市各区没有进驻到行政服务中心的服务部门的满意度见图 4-41～图 4-44。

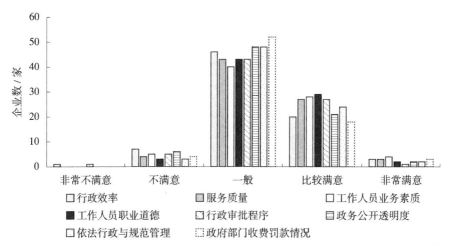

图 4-41　企业对禅城区未进驻到行政服务中心的服务部门的满意度

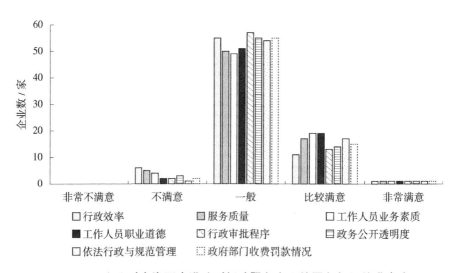

图 4-42　企业对南海区未进驻到行政服务中心的服务部门的满意度

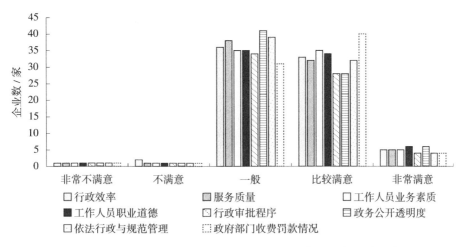

图 4-43 企业对三水区未进驻到行政服务中心的服务部门的满意度

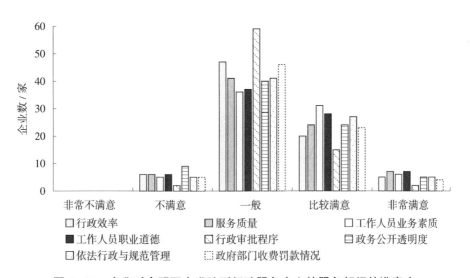

图 4-44 企业对高明区未进驻到行政服务中心的服务部门的满意度

企业对于佛山市各区 12 个行政服务部门和公用事业单位服务的总体评价见图 4-45～图 4-48。

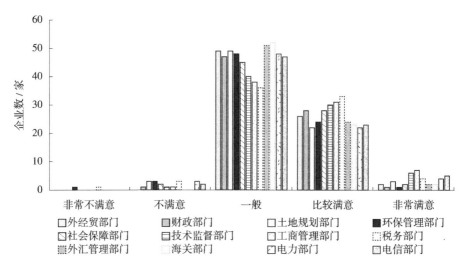

图 4-45　企业对禅城区 12 个行政服务部门、公用事业单位服务满意度

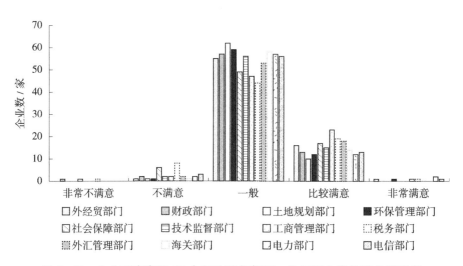

图 4-46　企业对南海区 12 个行政服务部门、公用事业单位服务满意度

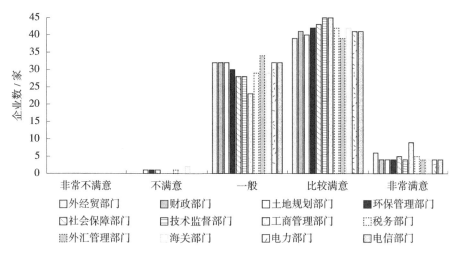

图 4-47　企业对三水区 12 个行政服务部门、公用事业单位服务满意度

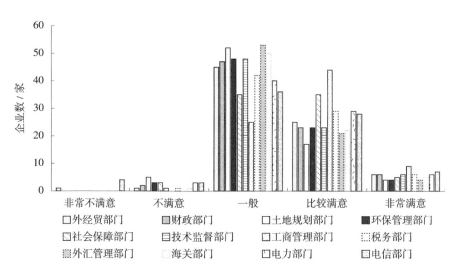

图 4-48　企业对高明区 12 个行政服务部门、公用事业单位服务满意度

（4）市场环境的各区对比分析。

企业对佛山市的市场环境监督力度，基本上都集中在基本满意，且都占到了 60%以上。具体来说，禅城区占 68.83%，南海区占 69.86%，三水区占 80.52%，高明区占 74.36%（见图 4-49）。

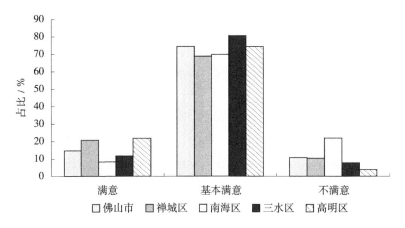

图 4-49　企业对佛山市市场环境监督力度的满意度分区对比

企业对佛山市存在市场准入壁垒的认知见图 4-50。

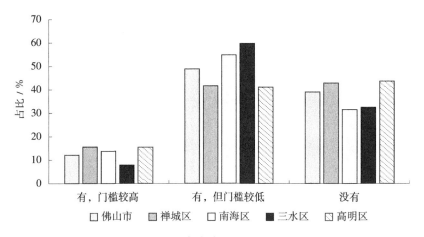

图 4-50　企业对佛山市存在市场准入壁垒认知的分区对比

企业认为造成佛山市市场准入壁垒的主要动因见图 4-51。

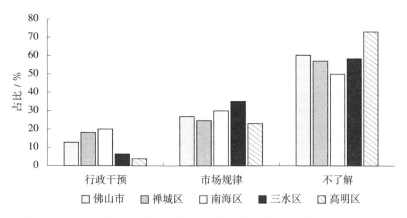

图4-51 企业认为造成佛山市市场准入壁垒的主要动因的分区对比

企业对于佛山市社会信用环境最不满意的分区评价见图4-52。

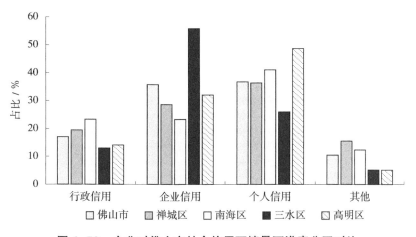

图4-52 企业对佛山市社会信用环境最不满意分区对比

（5）配套环境的各区对比分析。

佛山市金融部门对企业发展支持的满意度分区对比见图4-53。

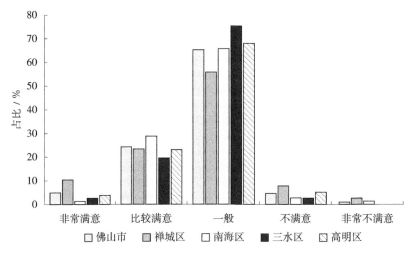

图4-53　佛山市金融部门对企业发展支持的满意度分区对比

关于佛山市的配套服务环境对企业生产经营影响的总体评价见图4-54。

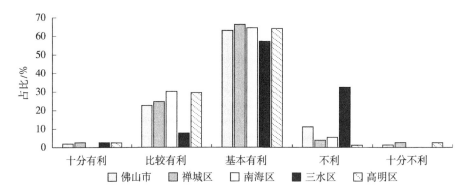

图4-54　企业认为佛山市配套服务环境对企业生产经营影响的分区对比

（6）人文环境的各区对比分析。

企业对佛山市人文环境的分区评价见图4-55~图4-58。

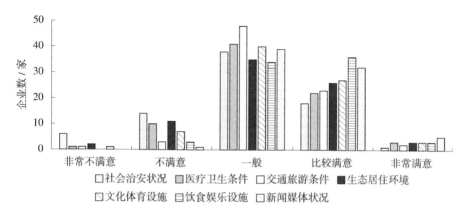

图 4-55　企业对禅城区人文环境的总体评价

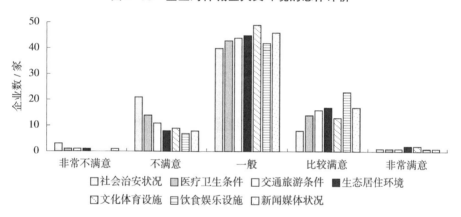

图 4-56　企业对南海区人文环境的总体评价

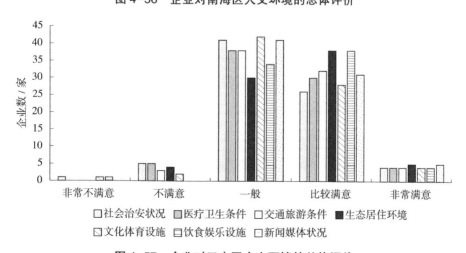

图 4-57　企业对三水区人文环境的总体评价

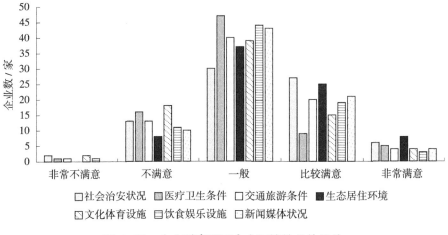

图 4-58　企业对高明区人文环境的总体评价

4.2.2　佛山市在行政服务机构建设方面取得的主要成绩及存在的主要问题

1. 主要成绩

佛山市、区行政服务中心贯彻落实佛山市委、市政府"四化融合、智慧佛山"的战略部署，按照"三着力、一推进"的具体要求，积极推进佛山市"两横两纵"行政审批流程改革、简政强镇的事权下放改革，行政审批网络一体化和行政服务中心体系建设工作，优化了佛山市行政服务环境，使"佛山行政服务"成为佛山市建设服务型政府的一个重要品牌。自 2003 年成立行政服务中心以来，佛山市行政服务中心在市、区各单位的共同努力下，不断深化行政审批制度改革，全面清理审批事项，规范建设服务载体，率先实施简政放权，努力开展电子监察，大力推进流程改革，探索整合审批职能，积极推行网上审批，推进佛山市审批服务标准化、规范化、便捷化。具体表现为以下几个方面。

一是行政服务大厅管理运作水平稳步提高。随着大部制改革的推行，市、区行政服务大厅的进驻单位进一步增多，窗口业务得到充实，服务大厅功能得到完善。

二是行政审批制度改革工作不断深化。佛山市、区行政服务中心积极做好佛山市行政审批制度改革的指导规划，组织开展了佛山市行政审批事项清理工作。

三是强化 12345 行政服务热线品牌建设，提高政务咨询水平。12345 市民热线坚持"好事办好、实事办实"的原则，以政府机构改革为契机，继续夯实各项基础性工作，协调成员单位体系运行顺畅，并加强与其他热线的互动与合作，话务工作水平稳步提升，行政投诉接听和回访工作进一步规范，热线话务队伍整体素质明显提高，逐步成为佛山市建设服务型政府、提升政府服务水平的一个重要品牌。

四是佛山市行政服务中心体系建设工作稳步推进。佛山市围绕市政府提出的"内联五区，外延村居"方针，积极推进行政服务中心体系建设和政府服务延伸到村居的工作，取得明显的效果。研究制定了基层行政服务中心进驻事项指导目录，不断优化了佛山市行政服务标准体系。

五是行政审批电子网络一体化建设工作推进顺利。为实施佛山市委、市政府关于"四化融合、智慧佛山"的战略部署，结合广东省政府赋予佛山市审批方式创新试点市的要求，佛山市行政服务中心大力推动行政审批电子网络一体化项目建设工作，顺利完成了项目的建设任务。该项目搭建了市、区一体化的行政审批网上申报门户，扩充了网上审批服务大厅的服务功能，实现了通用审批业务办理平台、行政审批事项管理系统的深化改造。

六是从"模糊条款"到"透明审批"，政务服务标准化建设取得实效。佛山市不断推进政务服务标准化建设，对市、区两级上千个行政审批和公共服务事项编制办事指南和业务手册，并细化要件标准，全面应用于综合窗口、审批部门、网上办事大厅，基本实现"认流程不认面孔、认标准不认关系"的无差别服务。

佛山市以群众诉求和创业创新需求为导向，按照"服务无漏网、标准全覆盖"原则，以市、区两级政府部门权责清单为基础，只要涉及企业和群众申请办理的事项，全部实行统一管理，标准化管理范畴从行政许可拓展到行政确认、行政给付、行政救助、其他服务等公共服务事项，推进标准化管理覆盖最大化、效用最大化。

2. 主要问题

一是政府信息公开有待进一步推进，二是政府部门之间还存在体制蔽障和沟通障碍，三是办事效率还有待提高，四是服务质量还有待提升，五是扶持行业协会和社会中介组织规范发展的力度还需加大，六是行政审批系统还需进一步整合和优化。

4.3 佛山市行政服务机构建设的经验与启示

4.3.1 公开、规范、高效、廉洁：行政理念的价值坚守

佛山市行政服务机构在 2003 年建立时秉承"大社会，小政府"的理念，积极落实"服务型政府"的总体理念，确立了"公开、规范、高效、廉洁"的服务宗旨和运行管理理念，并把这些理念融入为社会公众和企业服务的实践活动中。

1. 推行政务公开，打造透明政府

佛山市行政服务机构不但在行政服务中心设有专门的政府信息公开服务处，而且与佛山市人民政府网无缝对接，按照《政府信息公开条例》，积极提供政务信息公开服务。

2. 加强规范管理，建设责任政府

作为佛山市审批制度改革工作的牵头实施单位，佛山市行政服务中心在佛山市审改领导小组的统一部署下，按照国务院、省政府有关文件精神，根据《行政许可法》的要求，逐项清理佛山市各单位现有的审批事项，进行分类审核处理，做出界定和归类汇总并配合和协调有关职能部门推动企业设立登记并联审批服务的改革。

3. 强化监督检查，构建廉洁政府

一是健全大厅管理制度，加强窗口服务监管；二是依托纪检监察力量，形成效能监察互动；三是发挥中心信息化优势，筹建电子监察系统。

4.3.2　简政放权，纵横互联：行政改革的制度创新

1. 实行简政放权，促进管理下移

2003 年，佛山市在广东省率先实行简政放权，各市直部门和中央、省属单位分批共向五区委托或下放行政管理事权 322 项，另将 116 项行政管理事项随职能划交（或委托）禅城区行使。

2. 开展并联审批，促进协同服务

围绕企业、市民关注的热点难点问题，佛山市重点对工程报建、工商登记和房地产权证登记三个领域进行了跨部门流程再造改革，推行实

施了并联审批制度。各相关部门通过建立统一的工作机制，实施统一的审批流程，在统一的信息化系统上操作，并且统一进驻各级行政服务中心，实现信息资源共享、流程无缝对接。

3. 加强制度建设，促进规范管理

2005 年，佛山市政府统一出台了《佛山市行政审批管理监督暂行规定》，对行政审批的公开、实施、监督检查和责任追究进行了规范管理，明确了佛山市行政审批日常管理的工作部门和职责分工。

4. 构建服务体系，促进阳光审批

佛山市各行政服务中心和服务网点都建立了较为完善的规章制度，实施"办事公开制度""首问责任制度""一次性告知制度""服务承诺制度"和"考核评议制度"，有效促进了各审批单位公开、规范、高效、廉洁地实施行政审批。

4.3.3 信息化的整体解决方案：行政服务的技术再造

佛山市为了巩固行政审批制度改革和各项制度创新的成果，积极运用先进的网络技术和通信技术，启动了"信息化的整体解决方案"，实现了行政服务的技术再造。

1. 实施电子监察，促进效能建设

佛山市于 2006 年便建成并启动运行行政审批电子监察系统，该系统成为广东省继深圳市试点后首个率先运行的系统。在建设过程中，佛山市结合简政放权实际，创设"两横两纵"电子监察模式，既实现了监察机关实时在线监督各部门审批行为，又满足了市级审批单位对下级单位对口业务的实时监管需求，解决了对市向区下放审批事权的有效监

管问题，使审批工作"看得见、管得住"。

2. 推行网上审批，促进方式创新

结合行政审批电子监察工作，佛山市制定了行政审批事项编码规则，对所有审批事项进行了编码管理，通过信息化手段把住设定审批事项的入口关。2008 年开始，佛山市启动行政审批电子网络一体化建设项目，完成改造升级行政审批事项管理系统和建设"一站式"网上审批服务大厅、网上审批通用平台等三大建设任务，实现统一网上受理入口、标准化配置基础参数、部门间联网审批、信息共享，以及网上办事信息公示、审批表格下载、申请预受理、办事咨询等在线服务功能。

3. 开通政府热线，优化咨询投诉

为推进和谐佛山建设，拓宽政府与群众之间的沟通渠道，佛山市政府以"因地制宜，树立品牌，集中建设，联动服务，中心监管，企业运作"为原则，依托市、区两级行政服务中心，高起点、高标准建设佛山市 12345 行政服务热线。

第 5 章

他山之石：国外类似服务机构建设的经验及启示

本章重点探讨行政服务机构建设的国际经验，主要选取美国、英国和新加坡，从理念重塑、制度创新、技术变革三个方面，总结其类似服务机构建设的经验，阐述其对我国行政服务机构建设的启示。

5.1　美国经验

5.1.1　美国公共服务的价值理念

作为市场经济和市民社会相对成熟的国家，美国的私人企业和非营利组织不但在承担社会产品生产和服务方面有着较长的历史传统，而且在传递社会福利和公共服务方面也起着重要的作用。美国政府的行政体系更接近于共同治理型结构，也就是说，政府在实施公共事务管理过程中较早允许非政府组织或私人机构等通过合同或合作的方式，共同参与国家管理，从而将民间力量导入国家发展的网络之中，形成多元主体的治理结构。此种治理结构基于以下一些理念。

1. 有限政府理念

现代社会的公共事务是复杂、多样和动态的，政府并不能包办一切社会事务。在美国，有限政府是一个重要的行政理念。从实践的角度来讲，政府本身的能力是有局限性的，政府无法解决所面临的一切问题。从管理范围及管理能力来说，不可能"包打天下"。从制度层面来讲，所谓有限政府是指在规模、职能、权力和行为方式等方面都受到法律明确规定和社会有效制约的政府。美国政府清楚地知道，政府提供并不等于政府包办，政府的职责在于提供公共服务。公共服务由公共部门来供给，并不表明这些公共服务必须由公共部门来生产和递送。公共服务的供给，无非是强调这种服务主要是通过财政预算程序等提供，但这种服务的生产和递送可以由政府或公共部门提供，也可以由私人部门提供，关键取决于提供效率的高低。

2. 绩效理念

20 世纪初，美国地方政府就开始以效率为核心对政府的运作进行测量与评估。随着时间的推移，以进步主义运动、威尔逊的效率主义和泰勒的效率革命为基础的政府绩效评估运动在美国得以扩展和延续。在20 世纪 50~70 年代，它以强调成本控制的改革预算管理形式出现；到了 20 世纪 70~80 年代，"伟大社会"计划的失败引发了生产率运动以及经济自由主义指导下的私有化运动；进入 20 世纪 90 年代，伴随着"政府再造"运动的推进，首席财务官法案和政府绩效与结果法案先后出台，新一轮的政府绩效评估在总统与议会的双重支持与推动下，以绩效测量为主要内容在美国联邦政府中迅速展开。

2001 年 8 月，布什政府开始推动"总统管理议程"，提出了五大政府改革方向以及九项特定项目的改革计划，计划实施效果显著。这次的行政改革工作接续了克林顿时期推动行政改革的重点工作，也就是以顾客为导向、结果为导向、绩效为导向，积极运用电子化政府所带来的行政效益，全盘检讨联邦政府的行政作为。但是在布什政府的行政改革工作中，进一步强调财务管理和预算与绩效的结合，并且运用交通信号灯颜色的概念，构建联邦各机关行政改革绩效的色彩管理机制，从而更容易掌控各个机关在行政改革方面所做的努力和取得的成果。"总统管理议程"及其所采用的绩效评估制度，将行政改革计划本身和绩效评估结合起来，是公共部门绩效评估制度的创新。

3. 公众至上理念

美国的公共管理把政府及其公务员看作"负责的企业和管理人员"，而社会公众作为提供政府税收的纳税人是享受政府服务的"客户"，突出强调政府服务以客户为中心、公众至上的观念。政府通过仔细听取客户意见从而确定其需求，通过为客户提供尽可能多的选择从而有效地满足其需求；通过及时、全面地收集客户反馈从而客观评估政府服务的效率，保证政府公共管理职能得到最佳发挥。

4. 市场竞争理念

美国政府很重视将竞争机制引入政府公共服务领域。政府作为公有组织与私营经济的关系更多的是一种相互竞争的关系，政府和私营经济谁能提供更好的服务谁就有更强的生命力，即使是属于政府管理范畴之内的事务也常常实行"政府业务合同出租""竞争性招标"，鼓励私人投资和经营。

5.1.2　美国公共服务的制度创新

美国是市场经济较为成熟的国家，除了涉及公民社会生活必要的规则制定、信息供给之类的行政服务，其公共产品的提供更多采用的是市场化和社会化模式。市场化模式是指政府通过民主政治程序设定社会需要的优先目标，确定公共服务的供给数量和质量标准，募集各种资源，同时利用私营部门之所长，以市场机制为杠杆，调动市场力量在竞争中提供公共产品。社会化模式是指政府通过多种方式调动私营部门、非营利部门等组织参与，充分发挥社会力量的能动性，共同完成公共服务的供给。政府通过权力下放和竞争机制让州政府、地方政府以及私营组织、非营利组织都参与到公共服务中来，大大减轻了自己的财政负担，公共服务质量也显著提高。

公共服务市场化、社会化改革在美国的兴起有着深刻的历史背景。进入工业化时代后，美国社会的组织化程度便不断提高，越来越多的社会事务被纳入行政的范畴。政府功能逐渐扩张，行政内涵日趋复杂，公共管理的规模和数量有了惊人的发展，使得美国公民对政府的依赖性大大增强。与此同时，美国各级政府却面临着居高不下的财政赤字。为了缓解财政压力下公共服务供给能力有限的危局，摆脱税收收入持续下降而公众公共服务要求不断上升的矛盾，美国自 20 世纪 80 年代起，逐步推行以市场化、放松管制和分权化为取向的行政改革，公共服务市场化便是其主要内容之一。在这种模式中，尽管决策仍然由政府行政部门做出，但其执行单位显然已经拓展到了政府行政部门之外的其他组织，如私营部门、非营利部门等。作为一种制度创新，公共服务市场化突破了政府决策、政府执行的传统模式，通过政府权威与市场交换之间的复合配置，凸显了双方各自的功能优势，从而为政府以更高效、更经济的方式履行公共服务职责提供了可能。①

公共服务的市场化和社会化侧重的是利用市场机制、动员社会力

---

① 陈振海，杨恺杰. 美国公共服务的市场化改革 [J]. 党政论坛，2004（3）：45-47.

量，而政府在公共服务中所承担的责任和所扮演的角色成为我们关注的重点。美国政府在公共服务中的作用大致可以分为两类。

一是公共服务的直接参与者。直接参与者是指在某些公共服务中，政府直接参与到公共服务中来，承担公共服务责任的政府既是公共服务的安排者，又是公共服务的提供者，直接对公民负责。传统的公共服务参与者既是指公共产品和服务的生产者，又是指提供者、服务标准的制定者和监管者，集多重身份于一身。随着公共服务社会化的推进，政府逐步摆脱直接生产者和供给者的身份，但是在某些领域仍然存在完全由政府承担的公共服务，如国防方面。另外，美国还存在政府参与型的公共服务社会化模式，主要表现在公私合作方面。这里所说的公私合作不同于前面所介绍的简单的合同出租，它是指政府以某种优惠政策或其他特许形式来吸引私营部门参与到原本由政府包揽的公共服务中来。私营部门有投资收益权，通过使用者付费的方式收回成本，追求投资回报。在这一过程中，政府并不是用纳税人的钱来购买私营部门的服务，而是用特殊的政策或其他附加条件来吸收社会资源，对于不同情况政府也会给予资金上的支持，从而完成公共服务供给。这种方式是公共部门和私营部门共同参与生产和提供公共产品和公共服务，它有利于打破政府垄断，有利于缓解政府财力和服务能力的不足，使公共服务的质量得到提高。20 世纪 90 年代，旧金山市公共交通公司作为一个政府垄断公司出现了诸多问题，并且也得不到财政严重紧缺的政府的有力支持，其提供的公共服务质量不断下降，引起了公众的强烈不满。后来，政府通过权力下放，让原有的政府公司独立为一个经济实体，但是政府仍负责公交系统基础设施的建设、资金援助以及其他监管工作，形成了一个政府与公司长期合作的模式。

公共服务社会化在很大程度上满足了公民的需求，减轻了政府的财政负担，提高了政府的工作效率，使各种社会团体组织得到了充分的发展；同时推进了民主进程，改善了政府和社会的关系。

二是公共服务的间接管理者。虽然公共服务的供给与政府的责任不可截然分割，但在某些公共服务中，政府不是服务的直接管理者，而是充当"幕后"的决策者或是付费者。政府是公共服务决策的制定者，提供什么样服务和达到何种标准由政府通过合法的政治程序制定。政府在此过程中成为"公共物品和服务需求的确认者、精明的购买者、对所购买物品和服务有经验的检查者和评估者、公平税赋的有效征收者、谨慎的支出者、适时适量对承包商进行付费的支付者"①。政府实施这种行为的方式主要有合同出租、外包和凭单制度等。这种合同出租行为按照承包内容的范围大小可分为联邦政府公共服务承包与州和地方政府公共服务承包。联邦政府公共服务承包主要是指那些大型的由联邦政府承担的公共服务，包括环境保护、公用设施、消防和救护服务、公路和铁路修建、运输等；州和地方政府公共服务承包主要是指州和地方政府提供的公共服务，包括医院、污水处理、交通设施、短期工作培训、家庭照顾、残疾人照顾、清洁卫生等。凭单制度也是美国常用的服务供给方式之一。美国的凭单制度主要运用在食品与营养、教育、医疗、住房四大方面。政府将教育的补贴直接给予教育消费者，而不是给予学校。这样消费者就可以通过选择学校来强化消费者主权，而学校则会根据家庭的需求和消费者的偏好做出相应的调整，在学校之间引入竞争机制，优胜劣汰。凭单制度的另一个优点就是这些家庭可以用凭单自行支付这笔费用，从而减轻了公立学校的负担，也减轻了国家的公共财政负担。教育凭单制度通常被认为是可以提高经济效率，实现资源优化配置的重

① 王颖. 美国的公共服务社会化模式 [J]. 理论界, 2005 (8)：93-94.

要手段。

美国的公共服务市场化取向具有重大的经济价值和政治功能。一方面，公共服务由政府决策、多元组织通过市场机制供给这种模式，激活了市场机制和民间力量；另一方面，使公共政策制定的程序和实施的标准更加公开透明，促进了民间组织或者利益集团的广泛参与，在一定程度上提高了政策的透明度和公正性，在满足了公民多样化需求的同时也适当抑制了公众对于公共服务的过度需求，提高了市民满意度。

美国公共服务市场化、社会化模式在产生显著效益的同时也暴露出一些问题和缺陷，值得我们关注。其一，政府在组织竞标时常常处于备选对象数量不足的困境。公共服务市场化中的服务外包，主要是希望在较多数量的潜在提供者之间制造充分的竞争，以此来降低服务价格和改善服务质量。然而，在改革实践中，1/3 的美国联邦合同只能通过非竞争的途径授予，即使像垃圾收集这样的常规服务，政府往往也只能在少数几个承包者中选择。而那些技术复杂、耗资庞大的公共服务，几乎没有一家公司能够单独具备所需的技术能力和专业知识。其二，政府在某些项目上存在管制规则过多过滥的现象。为避免公共服务在市场化后出现质量下降的情况，政府需要采取一定的监管措施。为实现这个目标，政府倾向于列出详尽的具体要求，并通过制定大量的规则来约束服务提供者的行为。然而，这往往导致政府陷入管制规则过多过滥的泥沼，这在美国公共服务签约外包上表现得尤为明显。此外，公共服务市场化进程中始终笼罩着腐败和丑闻的阴影，承包商们往往会通过给政府官员回扣的方式来获得合同，并在投标过程中相互勾结作弊。

5.1.3　美国公共服务的技术变革

美国在公共服务推行的过程中，特别注重对绩效管理的理论、方法和技术的运用。美国公共服务绩效管理实践始于 20 世纪 70 年代初期。1973 年，尼克松政府颁布了联邦政府生产率测定方案，力图使政府机构绩效评估系统化、规范化、经常化。1974 年，福特总统要求成立一个专门机构，对政府部门的主要工作进行成本收益分析。1978 年，美国通过文官制度改革法，试图解决因过度规制而导致的政府运行的低效。该法允许在以规则为基础的模式内实行分权；开始实行灵活付酬战略的绩效工资制；开始着手降低解雇绩效不佳的雇员的难度；最为重要的是，该法鼓励人力资源管理方面的创新，允许人事管理局在特定的条件下进行突破现行法规的试验，包括淡化和简化职位分类、按绩效付酬和提升、下放权力等。

美国绩效管理的根本性突破发轫于 1993 年。1993 年年初，克林顿总统成立国家绩效评审委员会，由副总统戈尔主持。该委员会于 1993 年 9 月发表《从繁文缛节到结果导向：创造一个花钱少、工作好的政府》的报告，成为克林顿政府行政改革的行动指南。该报告指出，美国政府的绩效不佳的问题不在于政府职员的懒惰与无能，而主要在于过多的繁文缛节和规则，因而扼杀了政府职员的创造性。因此，解决问题的出路在于必须抛弃繁文缛节，摆脱那种驱使人只对规则负责的旧体制，创立一种激励人对结果负责的新体制。该报告提出了一系列改革建议，主要涵盖如下四大改革原则：①简化规制的原则；②顾客优先的原则；③授权与结果导向的原则；④节俭效益的原则。

在该报告出台前两个月，即 1993 年 7 月，美国国会通过了政府绩效与结果法案（GPRA）。该法案的立法宗旨是：①要求联邦政府机构对工作结果负责，以改进美国人民对联邦政府的信心；②推动一系列从设定工作目标，并围绕这些目标进行绩效测量到结果公开的实验计划，以改进项目的绩效；③将新的关注焦点集中于结果、服务质量以及顾客满意度，改进项目的效果与公共责任；④要求联邦管理人员制定实现工作目标的规划，以及提供工作结果和服务质量的信息，以改进公共服务等。

国家绩效评审委员会依据上述两个纲领性文件来推动政府再造，政府再造过程中的许多改革措施都与绩效管理密切相关，如设立顾客服务标准。到1996年，联邦政府各机构已建立了2000多个顾客服务标准；由总统与部长、各独立机构负责人签订绩效协议。而各机构又与其下属机构的官员签订类似的协议；建立再造实验室，尝试一些新的放松规制的试验；在联邦政府与州政府或地方政府之间签署绩效伙伴关系的协议，联邦政府通过分权来换取州政府或地方政府对结果承担更大的责任等。

5.2 英国经验

5.2.1 英国公共服务的价值理念

1. 人权理念

英国行政理念的基础是人权理念，对个人权利的尊重来源于其民族强烈的主体性认识。与这种认识论相对应，人的社会性也得到了彰显。正如法国社会学家奥古斯特·孔德所指出的：合作的原则，无论是自发的还是议定的，都是社会的基础，而社会的目的永远都是在那些伟大的合作计划中使每个成员各得其所。一种希望自身得到尊重和自由的社会思想，必然要对社会制度做出规定，使尊重每个人发展成为一种社会制度。这种意识在英国行政文化中得到了发展，表现为一种和平合作、宽容妥协的社会文化，既强调人作为一个独立主体的特殊性，又强调尊重他人的自由选择，这是英国行政文化最主要的特点。也正是这种对人的尊重推进了英国政治制度的改革与发展，并不断在改革中寻求针对每个公民的最佳的服务模式。

2. 有限权力理念

有了对个人权利的尊重，必然要求产生一套合理的制度来确立和维系利益主体间的关系和权利体系。个人权利的核心是界定个人与国家之间的关系，强调有限的责任政府和无限的天赋自由。这样，英国的制度在根本上要求对政府的权力加以限制，以保护个人无限的自由，政府的存在只是要维持原有的制度。

英国政府在历次公共服务改革中采用很多与社会力量合作的做法，实际上是这种政治文化最直接的表现，这种文化观念也推进了英国的公共服务改革向着更加自由、重视社会要求和提高绩效的目标前进。

3. 公平理念

英国公共服务的提供以"公平"作为重要的价值理念，以国家为主体，实行对全民的普遍保障，但国家的保障仅限于平等地保障国民的最低生活水平，超出最低生活水平的需要则由个人承担。以社会保障为例，主要由国民保险、国民医疗保健、家庭津贴和国民救助等构成。国民保险是对英国居民实行的强制性的保险；国民医疗保健制度是全民公费医疗制度，凡是在英国居住的公民，无须取得保险资格，均可享受各种医疗保健服务，所需费用主要由财政拨款支付；家庭津贴主要是发放给家长从事全日制工作、有未成年子女和收入低于官方规定标准的家庭，费用由国家财政负担；国民救助对陷于贫困状态的社会人员进行救助，全部费用来自国家财政收入。

5.2.2 英国公共服务的制度创新

为了应对公共服务面临的挑战，在总结撒切尔政府和梅杰政府工作的基础上，布莱尔政府首先解决投入不足的问题，把政府大量增加资金作为公共服务改革的启动力量。1997—2004 年，政府医疗资金从占全国 GDP 的 5.4%增加到 6.7%，教育资金从占 4.5%增加到 5.3%。最初阶段的改革主要以中央政府自上而下的方式推动进行，各地方政府和各公共服务机构按要求被动实施。实践证明，单纯靠增大政府投入和强制性指令的方式不能充分实现改革目标，低效、劣质和高成本现象仍然存在。① 英国政府于 1999 年发布的《政府现代化白皮书》提出政府改革方针，涉及公共服务内容的有三项：①政策制定不仅着眼短期问题，还需要更多长远的"合作与战略"；②应更关注公共服务顾客的需要，而非提供者的便利；③持续地提高质量和效率。以此为方针，英国政府开始设计公共服务运行的新机制，解决改革持续的推动力、低效和高成本等问题，力争经过几年的实践，基本完成从传统的指令性改革到各部门自觉改革的转变，用责任替代过去的强制性要求，形成颇具活力的改革自我推进完善体系。这个体系主要包括四个方面：政府对公共服务的垂直管理、引入市场竞争机制、用户自下而上的反馈机制、行政服务能力建设。

1. 政府对公共服务的垂直管理

实施垂直管理的具体内容包括：确定目标，确定行动的方向和达到的最终结果；制定规定和标准；组织检查评估结果，确定实施符合或不符合标准的单位，对达标单位进行表彰、鼓励，对不符合标准的行为给

---

① 雷昆. 英国布莱尔政府公共服务改革模式分析 [J]. 经济社会体制比较，2006 (6)：18-22.

予纠正或帮助。

2. 引入市场竞争机制

这一机制视公众为"顾客"，取消非政府组织或非营利组织进入公共服务领域的障碍，倡导公私合作；在公共服务提供者多个主体之间形成竞争，给顾客提供选择余地；以竞标方式决定提供者，实现政府购买与提供产品之间的分离。

3. 用户自下而上的反馈机制

这一机制使"顾客"对公共服务有挑选和提出个性化要求的机会；使用者有话语权，决策者能够听到用户的反映并吸纳其意见，根据反馈意见及时调整行动；政府资金流向以使用者选择为准，根据使用者的多少决定投入资金量，激励服务提供者用优质服务吸引更多的用户，从而获得更多的政府投入。

4. 行政服务能力建设

行政服务能力包括：领导能力；组织或激励公务人员的能力；实际工作技能的发展与创新能力；支配资源的能力；促进组织发展与合作的能力；提高公共服务机构和公务人员个人有效承担任务的能力等。

5.2.3 英国公共服务的技术变革

多样化的公共服务供给模式是英国的显著特征，这也是由英国不断变化的社会结构所决定的。进入 20 世纪 90 年代，英国社会阶层、群体利益协调难度加大，公共服务对象群体分化加剧，结构单一的服务方式遭到各种批评。人们收入普遍增加，消费能力显著增强，同时对公共服务的品种、质量要求也相应提高，个性化要求越来越明显。现代资讯便捷、丰富，让人们对公共服务的需求有了更多的了解和比较，随之对公共服务的期望也就水涨船高。随着信息技术的不断进步，为人们提供多种高质量服务也成为可能。英国政府公共服务个性化、多样化的要求和压力不仅来自服务对象，还来自竞争对象——私人服务。私人服务占有更大的市场份额，可以灵活地支配资源，能够迅速提高服务质量和服务效率，对政府部门的公共服务造成了竞争压力。为了间接或直接地提供配套措施，行政服务只有尽可能地跟上私人服务的进度。

无论是在公共服务体系的建设方面，还是在适应时代要求寻求变革方面，英国政府都进行了不断的探索。英国对公共服务在政府职能构成中地位的认识不断深化，在如何利用市场机制提高公共服务的供给效率，如何通过政府管制保证政府责任，如何动员社会力量参与公共服务的共同治理，如何实现公共服务效率与公平的结合等方面，都取得了宝贵的经验和深刻的教训。

总体来看，英国的改革产生了良好的效果。一方面，它从总体上改善了公共服务供给质量，减轻了英国政府的财政负担。公私之间的竞争确实获得了提高公共服务效率、降低成本的效果。福林教授曾以垃圾清理为例，生动地描述了引进公私竞争机制后发生的变化：一是成本意识增强，各部门启用新的成本核算方法；二是人员数量变少及工作人员年轻化，一人能够承担过去多人承担的工作；三是引进新机械和技术来提高效率；四是由于政府开始对固定资产使用提出增值的要求，过去那种"办公室越宽敞越好，设备越先进越好"的观念发生了根本的变化，许多部门开始合并办公室，放弃那些利用不足的设备，以求降低固定资产的使用成本。[①]另一方面，作为当代西方行政

---

① 郑恒峰. 英国公共服务民营化战略述评 [J]. 中共福建省委党校学报, 2008（10）: 18-22.

改革的先驱，英国的公共服务民营化战略可以说是当代西方行政改革的一个难得的样本。

英国的公共服务改革取得了明显成效，但也引发了一些值得深思的问题。随着市场化工具的深入引进及公共服务的民营化，英国私人部门的作用日益膨胀。由于私人部门和公共部门在根本目的、利益上的不一致，因此在私人部门代替公共部门的程度上有一个限度，超过某一限度时私人部门可能复制甚至放大它的缺点——逐利性和不回应性。同时，顾客选择能力的局限性也将大大限制政府服务的效果，减少了提供高效服务的关键动力。

在现实生活中，英国的公共服务模式并不是一成不变的，在不同的公共服务领域，在保持相对稳定的同时对具体措施可以做相应调整，如医疗和教育在引入市场竞争机制时，可以设计出适当模式，以便为使用者提供更多的选择余地。

5.3 新加坡经验

新加坡通过不断地进行公共服务及行政管理改革，努力营造了一个务实高效、清正廉洁、改革创新、亲商亲民的公共服务型政府。

5.3.1 新加坡公共服务的价值理念

新加坡政府在 1995 年就提出了"21 世纪公共服务计划"，目标是"培养优质服务态度，以符合公众要求，提供高素质、有礼貌、能反映民情的服务；创造有利于创新和改进的环境，提高公共服务效率"。新加坡的公共服务在长期的实践过程中，紧跟甚至超前于世界公共管理的变化趋势，形成了下文叙述的服务理念。

1. 以人为本，顾客至上的理念

"以人为本，顾客至上" 的理念在新加坡已深入人心，并贯穿于政府工作的全过程，其服务层次也从过去的 "满足客户的要求" 发展到现在的 "超越客户的期望"。

新加坡积极探索 "协商式行政"，较好地发挥了公民在社会决策中的参与作用。正是本着对民意的充分尊重和对民生的高度关注，新加坡陆续推行了中央公积金制度、居者有其屋计划和充分就业计划等一系列惠民政策。中央公积金制度覆盖养老、医疗、住房、家庭和投资等与人民生活密切相关的基本领域，不仅为广大雇员提供了可靠的社会保障，而且为经济高速增长提供了有力的资金支持。[①] 新加坡政府坚持 "提供帮助，但不养懒人" 的理念，政府福利政策的重点始终放在为所有人创造公平的竞争机会上，通过创造更多的就业机会、提供技能培训等，鼓励人们自力更生、勤劳致富。

顾客至上是要求公共服务部门在服务规则、管理方式和服务程序等方面做出调整。在具体服务规则方面，新加坡政府部门注重提高服务效率，特别强调公开性和透明度。在管理方式方面，新加坡政府部门趋向于协商、解释、说服，注重政府与企业、政府与公众之间的互动。在服务程序方面，注意便捷性、规范性和可操作性。

2. 绩效理念

绩效理念有两层含义：第一层含义是组织绩效，讲求政府管理的结

---

① 何科君，宋薇. 新加坡建设服务型政府的经验与启示［J］. 党政干部学刊，2008（11）：
29-30.

果；第二层含义是指内部管理，采取"结果为本"的绩效取向。政府围绕其使命进行绩效管理，采用目标管理等手段，强化政府对议会和顾客的双重责任；实行成本核算；加强财务控制，完善信息反馈，实行绩效预算；在公务员工资制度上打破统一的薪酬体系，推行绩效考核和绩效工资。

3. 创新理念

创新理念就是要求公共服务部门不断改进办事作风和方式。新加坡政府通过不断修改各种规定、条例来消除不必要的程序，加快服务速度，以创造一个更亲商亲民的环境，增强新加坡的竞争力。新加坡政府还充分利用信息技术手段改善公共服务，其电子政府建设已经走在世界前列。

4. 廉洁高效理念

廉洁高效的政府和行政组织是政府执行力的组织保障。随着经济的增长，新加坡政府不断提高公务员的薪俸，改善工作待遇，推行高薪养贤、厚禄养廉的薪金制度，同时，减少贪污机会和提高贪污受贿代价。政府采取了一系列措施来改变公务员作风：增加公务员与人民的沟通机会；吸纳受非英文教育者加入公务员队伍；以严厉纪律查处不检的公务员；对于即将退休的高级公务员，有才干的继续留任，没有才干的让其提早退休。

5. 法治理念

新加坡的立法数量多、范围广、内容细、修改调整快。大到政治体系、经济管理、商业往来和公民权利与义务，小到停车规则、公共卫生、行路、吸烟都有相应的法律规定。有些法律具有鲜明的新加坡特色。新加坡人法治意识强，一事当前，政府公务人员首先考虑法律是否授权，没有授权坚决不能做；公民行事首先考虑法律是否允许，法律禁止的不做。正因为法治理念深入人心，使新加坡人养成了自觉守法的习惯，社会秩序、经济秩序良好。

5.3.2　新加坡公共服务的制度创新

1. 公共服务的模式创新

与英美两国的公共服务模式不同的是，新加坡采取了以政府为主导的公共服务模式，它强调的是政府的强力调控和垄断，表现为政府在公共服务的生产、提供和监管中均处于强势地位，依照政府的计划性和权威性严格遏制公共服务市场化所带来的分散性和私立性。

新加坡采取这一政府主导型的模式是由其特殊条件所决定的。这些条件不仅构成了其现代化的特点，在某种程度上也决定了其现代化的发展道路。新加坡经济对外依赖度高，这种对外依赖性要求政府在发展中采取依赖外国直接投资的策略及出口导向政策，而这种政策的成功必须以国内政治、经济高度稳定为基础。在这些客观条件下，新加坡政府与市场结合的政府主导型市场经济模式和服务供给模式体现了政府与市场职能、功能的"共生性"。[①]

2. 加强公务员队伍建设，从人的角度提升公共服务品质

新加坡政府把公务员队伍作为国家支柱和社会精英，建立了一套十分有效的激励约束机制，培养了公务员提供高效、廉洁和卓越服务的良好素质，从而为公众提供优质的行政服务。同时，新加坡不仅追求"好人政府"，更有一个引导者、服务者和被监督者三位一体的制度框

---

① 顾丽梅. 英、美、新加坡公共服务模式比较研究：理论、模式及其变迁 ［J］. 浙江学刊，2008（5）：107-112.

架。新加坡通过这个制度框架使公务员对自身所应负的责任及如何应对当前及未来的政治、经济和社会等问题有明确的理解。

3. 强调政府的廉洁与高效，为公众提供低成本与高质量的公共服务

新加坡政府是世界上少有的掌握国家和社会资源并大量进行政府投资的政府，但由于新加坡反腐制度的健全，加之公共管理和运作方法的不断优化，使得新加坡服务型政府的特点在廉洁、高效上得到体现，政府得以为公众提供大量低成本与高质量的公共服务。①

4. 政府推行健全的社会保障体系

新加坡的社会保障制度主要由中央公积金制度及政府组屋计划构成。公积金制度是一项政府推行的、具有强制性的、储蓄和保险双功能的社会保障制度。政府组屋计划则通过政府介入房地产市场，使民众拥有私人不动产，成为社会稳定、经济发展的基石。

新加坡政府建立了一套完备的、科学的管理体制——根据企业的不同类型，通过不同功能的"中介机构"进行管理，体现了政府管理监督国有企业的一张一弛，即既不放松对国有资产的所有权，又能遵守市场经济规律。这种中介机构有两种：一是法定机构；二是控股公司。新加坡的法定机构是根据国会通过的法令，以法律程序设立的具有特殊功能的半官方专业管理机构，它由各政府职能部门分管。作为中介机构的控股公司，通过其在公司委派董事来实现国家的意图，而公司完全按照商业原则运行。这些措施为国有企业注入了新鲜的血液，有力地促进了经济的发展。②

---

① 陈宝龙. 政府管理与企业发展刍议：新加坡政府处理与企业关系的若干启示 [J]. 苏州科技学院学报（社会科学版），2003（2）：77-79.

② 刘世江，陈崇龙. 新加坡、泰国国有企业管理模式及其对我国企业改革的启示 [J]. 经济与管理研究，1996（2）：13-18.

同时，新加坡政府也一贯致力于为企业提供高效、廉洁、务实的制度环境，真正做到"亲商、扶商"。新加坡政府的"亲商、扶商"理念体现在为企业注册所提供的高效、便利的"一站式"服务中。政府还积极与其他国家合作，帮助企业到当地建立各种形式的经济开发区。政府的措施大大调动了企业对外投资的积极性，也克服了新加坡经济发展的瓶颈——市场狭窄有限之弊端。

5. 培育和发展社会组织

在处理好政府与市场"共生"关系的同时，注重大力培育和发展社会组织。新加坡政府强调社会参与，实现了政府与社会的双向互动。新加坡积极培育和发展社会组织，大量的社会组织协作网络在政府与公众中间起着桥梁和纽带的作用。

5.3.3　新加坡公共服务的技术变革

新加坡以政府为主导的公共服务模式适应了新加坡种族多、国土小、资源少的国情，政府的职能定位比较准确，服务效率较高，很好地处理了政府与市场、政府与社会的关系，取得了显著的服务效果，在国际范围内也显示出一种示范效应。

需要特别强调新加坡行政服务模式的改革创新精神和高效、廉洁的运行。新加坡政府把一些科学的企业管理方法，如目标管理、绩效评估、成本核算等引入公共行政领域，对提高政府工作效率起到了很大的促进作用。此外，新加坡政府执行政策的职能大多下放给法定机构，而法定机构实行的是企业运作模式，采用符合国际会计准则的借贷记账法，具有一定的执法权和较大的自主权，大多数可以自负盈亏。这样做的好处是既可以缩小政府的规模，减少开支，提高效率，又可以满足社会对公共服务的需求。为了减少或避免法定机构出现与民争利的情况，新加坡政府要求法定机构区分"核心"与"非核心"业务，专注于符合其职能的"核心"业务，逐渐脱离"非核心"业务，以提供社会所必需且民间无法自行提供的公共服务为主。

第 6 章

理念重塑：行政服务机构
建设的价值前提

　　本章从分析社会转型与行政理念重塑、政府转型与行政理念重塑的关系入手，提出理念重塑是我国行政服务机构建设的价值前提。在此基础上，重点分析行政理念重塑的基本内容以及重要的理论和现实意义。

6.1　社会转型与行政理念重塑

　　当代中国的社会转型在表现形式或者说发展途径上体现为三大特征：一是由外到内。外来的现代因素和内在的传统因素的此消彼长和交融整合使社会转型呈现出一个现代因素本土化和本土因素现代化的复杂交织过程。由此，当代中国的社会转型或社会现代化既不是全盘西化，也不是要与本国传统彻底决裂，而是通过现代因素的本土化来促进本土因素的现代化，是通过外来现代因素与本土传统因素的共契共容来生成和发展新的本土社会的现代因素，从而使社会从传统型走向现代型。① 二是由表及里。改革开放以来，中国的社会转型经历了一个从器物层面大量引进国外现代化设备、科技及资金，到从制度层面稳步推进经济体制改革，再到从思想文化层面不断加强社会主义精神文明建设的这样一个由表及里的发展过程。而由表及里的不同层面的社会转型应该相互联系、稳步推进，应该有效促进政府、社会与市场良性互动，物质文明、精神文明协调发展。三是由名至实。当代中国社会转型经历了一个在社会现代化层面上从乡村社会向城镇社会转化、在现代组织管理层面上从家长制向科层制转化的由名至实的社会发展过程。

1978 年改革开放以来，中国启动了现代化的历史进程，开始了全面而深刻的社会转型。这一社会转型，就其实质而言就是完成经济、社会和文化等领域全面性的社会变革，由传统农业社会向现代工业社会、由传统计划经济体制向社会主义市场经济体制、由封闭型社会向开放型社会转变。

改革开放 40 多年社会转型的历程，在一定意义上讲，是中国行政发展的历程，也是伴随着社会转型行政理念不断传承与嬗变的过程，特别是不断创新的过程。

6.2　政府转型与行政理念重塑

政府转型与行政理念重塑存在相辅相成的影响和作用。在有关政府转型的众多研究中，关于行政理念重塑的讨论在政府转型的模式转换、范型转变和类型变迁中不时地得到体现。

---

① 刘祖云. 社会转型解读［M］. 武汉：武汉大学出版社，2005：7.

迟福林教授明确指出，政府转型可以解释为政府组织的理念、结构、体制、功能和方法等从一种类型向另一种类型转换，它是政府为了适应政治、经济和社会发展的需要，通过对自身的系统性变革，以适应社会环境变迁并与之保持新的平衡的过程。

学者刘厚金则认为，政府转型就是指政府的静态模型和动态范式的转换，即政府范型的转换。所谓政府范型，是指以政府职能为核心，通过政府管理理念、制度、体制、方法等行政要素加以体现的具有一定特质的整体性的静态结构和动态过程。政府转型是传统的旧的政府范型向现代的新的政府范型转变，其核心是政府职能的转变，是更加深刻、更为广泛的政府治理的革命性变革。

学者张秀芳也指出，政府转型应实现由全能型政府向有限型政府、权力型政府向责任型政府、管制型政府向服务型政府、人治型政府向法治型政府、低效型政府向效能型政府的转变。

此外，还有专家强调，行政管理改革要和经济体制改革并驾齐驱，政府的转型趋势体现为三个层次：第一，由管制型、管理型政府向服务型政府的转变；第二，由经济建设型政府转向公共治理型政府；第三，政府的工作由手工作业型转向信息网络主导型。

综上所述，学术界关于政府转型的研究与讨论虽然最终没有形成一个统一的说法，但是政府转型过程的有限型政府、责任型政府、服务型政府、法治型政府、效能型政府的理念已经深入人心。

6.3 行政理念重塑的基本内容

在全球化、信息化的背景下，我国社会进入了经济快速发展和改革攻坚的关键时期，经历着从传统社会向现代社会转型的历史性变迁。新时期行政理念的整合、协调与创新，对我国行政服务机构建设具有十分重要的意义，可以说，行政理念重塑是行政服务机构建设的价值前提。那么，行政服务机构行政理念重塑就其基本内容来说，大致应包括以下几个方面。

1. 由全能行政理念向有限行政理念转变

行政服务机构行政理念重塑首先必须实现由全能行政理念向有限行政理念转变，才能促进政府在有限边界的范围内正确扮演政府角色，科学履行政府职能，不断优化公共服务。

有限行政理念是与市场经济体制相适应的。所谓有限行政，是指行政组织的规模、职能、权力作用范围和作用方式等都有明确的界限。有限行政的实质是要科学、合理地界定政府与市场、政府与社会的边界，明确政府应该以何种方式、在多大程度上介入其中。有限行政要求政府做到既不越位又不缺位。所谓不越位，一方面是指凡是市场和社会能解决的问题，政府就不干预，尽可能发挥市场和社会的作用，政府只解决市场和社会解决不了且政府能够解决的问题；另一方面是指行政组织不越位干预依法应由其他行政组织履行的职能。所谓不缺位，是指法定该由本组织履行的职责一定要全力履行好。[①]

我国的《行政许可法》严格控制行政许可设定权，而且明确规定了行政许可事项的范围。规定公民、法人或者其他组织能够自主决定的、市场竞争机制能够有效调节的、行业组织或者中介机构能够自律管理的，以及行政机关采用事后监督等其他行政管理方式能够规范的事

---

① 沈亚平. 转型社会中的系统变革：中国行政发展 30 年 [M]. 天津：天津人民出版社，2008：27.

项，可以不设行政许可。这样就可以减少和限制不必要的审批事项，使行政机关改变传统的管理模式，转向宏观调控和社会服务方向，有利于社会积极性的调动和社会主义市场经济体制的完善。①

2. 由管制行政理念向服务行政理念转变

随着新公共服务理论的引入和人们对于构建服务型政府的期待，政府管理从管制行政模式向服务行政模式转变成为一种必然，因此，行政服务机构的行政理念重塑也必须努力实现由管制行政理念向服务行政理念转变。

服务行政理念是一种公民本位、社会本位的理念，主张在整个社会民主秩序的框架下，通过法定程序，以为公民服务为宗旨开展行政工作。服务意识、民主参与理念、公共利益观念是服务行政理念的内核。服务意识是落实服务行政的前提条件。服务意识究其本质是为公众、为公民服务的理念。树立正确的服务意识要科学地鉴定为谁服务、由谁来服务、如何服务以及提供什么样的服务等问题。民主参与理念是落实服务行政的重要保证。② 公共利益是服务行政的价值取向。服务行政就其本质来说是为全社会服务的，所以追求公共利益理应成为其价值取向。服务行政是我国行政改革的目标选择和发展方向。

3. 由人治行政理念向依法行政理念转变

随着依法治国和依法行政的不断推进，特别是《行政许可法》的实施，努力实现由人治行政理念向依法行政理念转变成为行政服务机构行政理念重塑的又一必然要求。

---

① 沈亚平. 转型社会中的系统变革：中国行政发展 30 年 [M]. 天津：天津人民出版社，2008：27-28.

② 沈亚平. 转型社会中的系统变革：中国行政发展 30 年 [M]. 天津：天津人民出版社，2008：25.

当代中国处在社会转型期，由人治社会逐步向法治社会过渡，实现依法治国，这是当代中国社会转型的必然选择与内在要求。因此，依法行政也是行政理念创新的必然选择与内在要求。

4. 由封闭行政理念向透明行政理念转变

随着中国由封闭型社会向开放型社会转变，政府公共事务的管理也越来越走向开放，相应地，传统的封闭行政理念向现代的透明行政理念转变也成为时代发展、社会转型的一个必然要求。

透明行政理念要求行政组织必须公开行政内容、行政程序、行政标准、监督和救济的途径方法以及其他依法应公开的公共信息资源。透明行政理念体现了现代政府廉洁化、民主化、科学化的基本要求。透明行政的基本要求是：行政权力运作的主体、依据以及程序是公开的；行政权力运作的过程是开放的；行政权力运作的结果是公开的，权力行使者应该受到监督。获取政务信息是公民的一项基本权利，政务公开对于扩大公众的参与权和知情权具有重要意义。

6.4 行政理念重塑的重要意义

行政理念是公共行政的观念先导，行政理念重塑是社会转型的前提和基础。因此，理性地解读公共行政理念的变迁与重塑具有重要的价值和意义。

通过行政理念的研究，可以丰富行政学研究的宏观视野，摆脱行政学局限于方法、技术等实证研究的弊端，拓展行政学研究的空间；可以提高行政学研究的理论品位，摆脱完全从操作层面来研究行政的现状，提升行政学研究的理论层次；通过对行政理念结构层次和内涵的多维度分析，可以深化对行政本质的规律性认识，促进公共行政学纵深性发展，从而保证行政学发展方向的正确性。由此，通过对公共行政理念的发展与变迁的梳理并进行学理性分析，可以提升公共行政的理论品位，可以有效地预测当代公共行政学的发展方向，对公共行政理论研究具有重要的价值和意义。

20 世纪 70 年代西方国家公共行政改革时，各国政府不约而同地强调行政理念的创新，提出并构建崭新的行政理念，展示了"政府管理的新愿景"。因此，在百年公共行政理论发展的视域下，在传统公共行政转向现代公共管理的现实变迁中，追寻行政理念的历史样态与当代价值诉求，深刻体悟公共行政"内在精神"的变迁，多维度地对当代公共行政理念构建进行省察，进而揭示公共行政改革的思想动力及其发展趋势，有利于深化对公共行政本质的认识及其终极价值的探寻，在提升公共行政理论品位的同时，保证公共行政实践发展的科学性与有效性。

第 7 章

制度创新：行政服务机构 建设的根本动力

本章从制度建设与制度创新的概念阐释和关系分析入手，提出制度创新是我国行政服务机构建设的根本动力。在此基础上，重点探讨行政服务机构制度创新的基本条件、实现路径、举措和方向。

7.1　制度建设与制度创新

所谓制度，是指约束一定历史条件下形成的政治、经济、文化等方面的准则体系，以及某群体、行业、部门根据其具体情况制定的、要求大家共同遵守的办事规程或行动准则，它包括宪法、法律、规则等正式约束和道德、习俗、惯例、约定等非正式约束。新制度经济学派的代表人物之一、诺贝尔经济学奖获得者道格拉斯·诺思将制度定义为"为人类设计的、构造着政治、经济和社会相互关系的一系列约束"。它由"非正式约束（道德约束力、禁忌、习惯、传统和行为准则）和正式的法规（宪法、法令、产权）所组成"。

制度建设是一个现代国家的基本制度和国家"基础设施"，它与一个国家现代化的经济建设具有很强的关联性和互补性。现代化不仅是现代国家最重要的目标，而且是典型的国家性公共物品。国家制度现代化有助于降低国家的管理成本，调节不同社会集团的利益矛盾，维护经济活动所必需的社会秩序与交易规则，在全社会范围内进行广泛的收入分配和提供改善全国人民文化教育状况的人力资本条件等。

国家基本制度建设以保障人民生存、发展、安全、民主等关键性利益为宗旨，以实现国家安全与领土完整、经济发展与经济稳定、社会公正与人类安全、政治清明与社会稳定、生态平衡与环境保护五个方面的根本利益为目标，虽然并不能涵盖和穷尽所有的制度建设和制度创新，但却是其他制度建设和制度创新的纲领和基础，并自20世纪90年代以来激发和催化了我国地方政府行政服务机构建设的一系列制度变革和制度创新。

制度创新是指在人们现有的生产和生活环境条件下，通过创设新的、更能有效激励人们行为的制度、规范体系来实现社会的持续发展和变革。所有创新活动都有赖于制度创新的积淀和持续激励，通过制度创新得以固化，并以制度化的方式持续发挥着自己的作用，这是制度创新的积极意义所在。

制度创新的核心内容是社会政治、经济和管理等制度的革新，是支配人们行为和相互关系的规则的变更，是组织与其外部环境相互关系的变更，其直接结果是激发人们的创造性和积极性，促使新知识的不断被创造和社会资源的合理配置及社会财富源源不断地涌现，最终推动社会的进步。

7.2 行政服务机构的制度创新

7.2.1 行政服务机构制度创新的基本条件

由于我国的行政服务机构建设主要是地方政府的组织建设和制度创

新活动，行政服务机构制度创新必须具备以下基本条件。

第一，地方政府领导层必须具有强烈的改革意识、创新精神与使命感，并就行政服务机构的制度创新和组织建设达成一致的改革共识。地方政府领导应充分把握社情民意，汇集民智民力，结合本地实际，找准关键领域，做好通盘考虑，达成改革共识，推进制度创新。

第二，强力有效的执行机制。执行机制主要包括富有革新精神的工作团队、科学的流程设计、先进的技术平台以及完善的规章制度。行政服务机构建设必须依托于一个富有改革创新意识、执行力强的工作团队，科学地对各部门业务流程进行设计、优化和再造或给出指导性的意见，并借助先进的网络信息技术平台和完善的规章制度，保证领导层的制度创新和改革的意志得到不折不扣的贯彻落实。

第三，良好的信息反馈机制。良好的信息反馈机制包括咨询机构的智力支持、合理的绩效考核、及时的信息交流以及准确的成效检测。行政服务机构建设可以依托高等院校和科研机构等专业团队提供的支持，构建科学合理的绩效评估机制，并在建设过程中加强不同政府部门之间和不同政府层级之间的信息交流和沟通协调，对行政服务机构建设的改革成效进行检测和确认，适时进行调适和纠偏。同时还要建立政府与公众的互动机制，从理念、制度和行动三个层次着手，加强政府对社会需求的反应能力和回应性。

第四，有效的协调机构和监督机制。一项制度最终运行是否有效，除了健全的规章制度，还必须具有高效的协调机构和强有力的监督和反馈机制。

7.2.2 行政服务机构制度创新的实现路径

为了提高办事效率，改善服务质量，我国各地行政服务机构在制度创新方面普遍实行"五制"（及时办理制、承诺办理制、联合办理制、前置备案制、一次性告知制）、"六公开"（公开服务内容、公开政策依据、公开办事程序、公开申报条件、公开承诺时限、公开收费标准）运行程序，集中受理、限时办结审批项目，实现"一楼式办公、一窗式收费、一站式服务"，极大方便了群众和企业办事。行政服务机构制度创新主要有以下三个层面的实现路径。

第一，在宏观层面，注重制度体系的创新与构建。加强制度建设和制度创新，应当注重发挥制度的整体功效，着力构建科学的制度体系。在一个更为宏观的背景中考察就会发现，要充分发挥制度的功能，还需要构建一个开放的、关联的、科学的制度体系，这个制度体系中各部分既有分工，又相互联系、协调配合，共同发挥作用，缺少任何一部分都会造成结构和功能的缺失。在某种意义上，制度建设所追求的已不是某一项制度的创新，而是把注意力更多地放在加强制度间的联系和对接，对制度的功能进行整合，形成良性机制。作为一个整体，各项制度之间应当协调一致。制定新制度与修改已有制度，可采取干部职工论证、横向交流论证、专家研讨论证等方式，通过制度保障被大多数人接受，建立制度激励机制。如行政服务机构建设与传统行政监察和现代电子监察制度的有效结合，行政服务机构建设和行政审批制度改革的同步推进，行政服务机构建设与简政强镇事权下放改革的配套进行，省—市—区（县）—镇四级行政服务体系的上下联动建设，都是地方政府在宏观制度体系方面的创新，一些地方（如北京、四川成都、广东佛山、福建泉州等地）的行政服务机构建设在这方面已经取得了突破性进展和丰富的建设经验。

第二，在中观层面，加强组织机制的创新与完善。制度建设应当着眼于机制的建立和完善，努力实现制度在更高层面的系统整合。按照系统论的观点，机制就是系统内在规律的表现形式与作用过程。在若干制度构成的系统中，制度的相互作用和实际运行就构成了机制。如果没有一个良好的机制，我国行政服务机构的组织结构革新、业务流程再造以及其他方面的创新都将丧失维系的纽带。因此，我国行政服务机构建设至少要实现以下几个方面的创新：办理机制创新、协作机制创新、内外监督机制创新、内部人员管理机制创新。①

第三，在微观层面，加强工作制度的创新与执行。加强制度建设应当进一步深化对工作制度功能的认识，不断加大推进工作制度化的力度。制度的功能在于规范和约束行为。由于行为主体存在人性弱点、行为能力差异，且行为环境不断变化，因此制度规范和约束的功能指向往往侧重于消解人性弱点、增强行为能力和克服客观环境不利因素。美国经济学家约翰·康芒斯将"制度"定义为"集体行动控制个体行动"，则进一步解释了这种"规范和约束"的机理。制度经济学中常常引用"分粥"的案例来说明制度的功能：在一个僧多粥少的庙里，人们发现掌勺和尚分粥有多有少，因人而异，很不公平，于是掌勺和尚改由大家推选。但一段时间后，发现这种方法也行不通，因为谁都有私心，大家推选的掌勺和尚其实也亲疏有别，难以公平。经商量，决定轮流掌勺，一人分一顿，情况虽一时有所好转，但时间一长，发现问题更多，因为个别和尚不仅分亲疏贵贱，轮到自己时还又吃又藏。经过反复讨论，大家决定在轮流掌勺的基础上再加上一条规矩：分粥者必须最后拿剩下的那一份。这样，问题最终得到了很好的解决。长期以来，人们对工作制度的功能和力量重视不够，更多地强调思想教育和思想改造，虽然两者都很重要，但却有着明显的局限性。在推进制度创新和制度建设的进程

---

① 段龙飞. 机制创新与我国行政服务中心建设研究 [J]. 中国行政管理, 2008 (6)：52-55.

中，坚持走民主讨论、科学决策和规范管理的道路，是对制度及制度功能的深层次把握和运用。

7.2.3 行政服务机构制度创新的举措和方向

第一，增强行政服务功能。各地行政服务中心从方便企业、方便群众出发，积极争取项目进入，增强中心"一站式"服务功能。

第二，规范行政服务行为。各地行政服务中心按《行政许可法》的要求，对行政许可项目办理过程进行进一步规范。

第三，创新行政审批机制。实行联合审批、建立绿色通道等已成为各地行政服务中心普遍采用的提高审批效率的方法，不少中心对告知承诺、一审一核、联合年检等方式不断进行探索和完善。

第四，改革行政审批体制。为从体制上解决"两头办理"等问题，多地进行了整合部门行政许可职能工作。

第五，积极推行网上审批。多地行政服务中心依托政务网，开通网上审批系统，建立线上服务大厅。

第六，推进内部流程的优化与再造。赋予行政服务中心相对集中的行政许可权，将政府的行政许可权进行合理整合，实现政府职能的综合化。

第 8 章

技术变革：行政服务机构建设的重要手段

本章基于科技革命和科技进步的背景，简要探讨科技进步与技术变革的关系以及行政服务的技术再造对政府再造的影响和推动。在此基础上，从技术变革与政府信息化、技术变革与政府流程再造、技术变革与电子政府的构建三个方面重点探讨行政服务机构建设中的技术变革问题。最后，揭示技术变革给行政服务机构建设带来的挑战，分析信息化背景下的行政服务机构建设的基本着眼点，展望迈向电子政府的行政服务机构建设的发展前景。

8.1 科技进步与技术变革

8.1.1 科技革命与科技进步

1. 科技革命的基本含义

科技革命是科学革命和技术革命的合称。一般来讲，科学革命是指人们认识客观世界的质的飞跃，它表现为新的科学理论体系的诞生；技术革命是指人类改造客观世界的新飞跃，它表现为生产工具和工艺过程方面的重大变革。科学革命是技术革命的基础和出发点，科学革命引起技术的进步；而技术革命是科学革命的结果，先进的技术及其应用成果反过来又为科学研究提供了有力的工具。

2. 科技革命的演变历程

在过去 500 多年里，世界上大约发生了五次科技革命，包括两次科学革命和三次技术革命，这些科技革命除了极大地促进了技术变革和经济发展，也都产生了深刻的社会政治影响。第一次科技革命于 18 世纪 60 年代首先发生在英国，并以英国为主体，以轻工业为主导，以蒸汽动力为主要标志，技术发明主要源于工人和技师的实践经验，产生了深刻的社会政治影响。一是极大地提高了生产力水平，促使资本主义制度的巩固与广泛建立，使社会经济结构发生重大变化，开始了城市化进程；二是使社会阶级结构发生重大变革，社会日益分裂为两大对立阶级：资产阶级和无产阶级；三是自由资本主义发展起来，殖民侵略进入以商品输出为主时期，世界格局发生变化：东方开始从属于西方。第二次科技革命发生于 19 世纪 70 年代，新技术发明几乎在英、法、美、德等几个资本主义国家同时发生，主要以电力的广泛应用（发电机、电动机）、内燃机和新交通工具的创制（内燃机驱动的汽车、飞机）、新通信手段的发明（电话、无线电报）为标志，其主要特征是科学和技术开始密切结合。第二次科技革命促进了资本主义制度在世界范围内确立，资本积累和对殖民的肆意掠夺为资本主义积累了大量资金；同时自然科学取得突破性进展，世界市场的出现和资本主义世界体系的形成，进一步扩大了对商品的需求。第三次科技革命发生于 20 世纪四五十年代，以原子能技术、航天技术、电子计算机的应用为代表，包括人工合成材料、分子生物学和遗传工程等高新技术，其主要特征是从科学技术推动生产力的发展，转化为直接生产力的速度加快，科学和技术相互促进，结合更加密切，并且科学技术各个领域相互渗透。产生的社会政治影响：一是极大地推动了社会生产力的发展——提高劳动生产率的手段改变；二是促进了社会经济结构和社会生活结构的变化——第三产业比重上升，人们的衣食住行等日常生活发生变革；三是推动了国际经济格局的调整——各地联系更加紧密；四是强化国家资本主义和科技竞争，扩大了发达国家同发展中国家的经济差距。这对发展中国家来说，既是机遇，又是挑战。第四次科技革命出现在 20 世纪后期，以系统科学的兴起到系统生物科学的形成为标志，系统科学、计算机科学、纳米科学与生命科学的理论与技术整合，形成系统生物科学与技术体系，包括系统生物学与合成生物学、系统遗传学与系统生物工程、系统医学与系统生物技术等学科体系。发展新能源被看成第四次科技革命的核心任务。电子和信息技术普及应用开启了第五次科技革命之门，而随着互联网技术的普及和移动互联网的发展，全球又迎来了一次重大技术变革。

8.1.2　科技进步与社会变迁

1. 科学与技术的基本含义

"科学"一词原来自拉丁文"scientia"（知道），后来演化成英文"sciential"（有知识的）和"science"（科学）。总体而言，科学是反映现实世界各种现象的客观规律的知识体系。具体来说，科学具有以下两个方面的内涵：第一，科学反映的是客观事实和规律，是关于自然、社会和思维的知识体系；第二，科学是一个知识加工的过程，是产生知识的一种社会活动，而科学活动的主要内容是实验和思维。

技术，就其词源意义，在古希腊意为技能、技巧、艺术，世代相传的方法，手艺或秘方。17世纪与"logos"（学问、逻辑）结合起来，形成"technology"，指关于各种实用技术的学问。18世纪，百科全书派代表人物德尼·狄德罗根据工业革命初期技术的特征，把技术定义为"为了完成特定目标而协调动作的方法、手段和规则相结合的体系"。① 简单地说，现代意义上的技术就是将科学理论转换成社会生产力的工艺方法或工艺过程，它是人类利用自然能力的标志。具体来说，技术是依据自然规律，运用一定的科学手段、方法，特别是以机械、设备、仪表、网络为中介，对物料、能源、信息进行加工和转换，以满足人类需要的实践活动，成为反映知识经验、科学理论和物资设备三方面的技术理论、物质手段和工艺方法的总和。技术的概念随着时代的变迁而不断发展。一般状态下，技术就是客观的物质因素和主观的精神因素相互作用的产物；有时，技术也直接表现为生产力；有时，技术则体现为人们改造、控制、利用和保护自然的一种动态过程。

2. 科技进步与社会发展

无论是宏观经济的发展还是人们日常生活的变化，任何一点发展与变迁都展现出技术进步与社会发展之间的极大关联。技术之于社会无异于空气和水之于人类，给人类的智慧发挥提供了无限的平台，也给人类无穷的物质与精神欲求提供了想象空间。

对技术进步的强烈追求，使得人类从蒙昧走向文明，不仅获得了无数的发明创造，更是通过对发明创造的应用，改善了人类的生存条件，改变了人类的社会生活。

在人类发展史中，人类对技术与社会之间关系的关注总是与技术创造和应用相伴而生的。随着从经验性技术向知识性技术的发展，在对技

① 吕乃基. 科技革命与中国社会转型 [M]. 北京：中国社会科学出版社，2004：23.

术与社会之间关系的探讨中，科学也不可避免地被纳入其中，由此人类知识的谱系经历了从神学、哲学到科学的转变。不过，对技术的探讨常常会产生各种各样的误会，因为技术本身就是复杂的领域。如果把技术放在人类知识的谱系中，就等于把一种复杂放入另一种复杂之中，更加容易引起误会，甚至是不必要的误会。

中华人民共和国成立以来特别是改革开放以来，尽管技术应用是社会变迁的直接诱因，但在多大程度上影响宏观社会变迁取决于其他因素如社会对技术的需求程度、技术机构性应用所产生的职位变动及其在宏观社会制度层面的安排。当技术应用变成国家需求时，就构成了推动社会变迁最强劲的动力。在过去的 40 多年里，科技进步特别是信息技术的应用不仅造就了一个全新的职业领域，而且形成了宏观社会结构变化；同时，信息技术在生产和生活领域的广泛应用更是改造了传统的职业结构，形成了传统产业领域的职业结构变迁。差异性消费物品在机构性和个体性消费领域的广泛应用，为机构性和个体性社会结构差异化的发展提供了重要的机会，信息技术应用产品的消费已经变成了社会结构区分的重要符号。

因此，技术应用与社会变迁的关系来源于技术的可扩散性和社会对技术应用需求的层次和程度，越是可扩散的且社会需求层次越高的技术，与社会职业结构和消费结构变迁之间的关系就会越紧密，进而也会形成技术与社会之间更加紧密的相互建构。而科技进步和社会发展这种越来越密切的互动建构关系，客观上要求政府管理也做出一些适应性的变革。

8.1.3　技术变革与政府改革

科技的进步和技术的变革不仅促进了社会经济结构的变迁，也给政府改革和政府治理带来了前所未有的机遇和挑战。科技革命、经济革命与政治革命是紧密相连的。当电力革命取代蒸汽革命之时，马克思郑重地宣告"这事的后果是不可估计的。经济革命之后一定要跟着政治革命，因为后者是前者的表现而已"。西方学者中最早关注科技进步对行政系统影响的是行政生态学派。如行政生态学的创始人之一约翰·高斯把科学技术看成"有助于说明影响政府职能消长的因素之一"，而且"技术领域的变革，无论其对制度上的影响扩展得多么缓慢，它的引人注目之处对公民来说也是显而易见的"。① 不可否认，行政生态学派开创了研究"科技进步所带来的巨大社会变迁及其对行政系统的冲击"之先河。后来的行政学者，尽管没有全面系统地研究和分析科技对行政的影响，但都认为科技对行政具有影响乃是一个不争的事实。只不过在科技发展的不同阶段，这种影响呈现出不同的特点而已。

本书认为科学技术的发展带动了行政技术的进步与发展，为公共行政理念与政府治理范式的变迁提供了技术支持，提高了政府治理的技术含量。毕竟，每种行政理念与范式都有相应的技术支持，即与公共行政相关的行政技术是促使行政发展的主导因素。如果说工业社会推动行政发展的是以电话、电视和广播、报刊为主导的信息传播技术，政府通过这些信息传播技术与公民沟通；那么，现代社会推动行政发展的主导力量无疑是以网络为主的信息通信技术，它使得政府通过网络与公民之间的沟通更加频繁、迅速与便捷。

科学技术的发展使政府的分权改革成为必然。科学技术的发展导致了现代社会公共事务的极度复杂化，且变化迅速，时限性增强。世界经济的全球化与区域化，使信息数量迅速膨胀。旧的政府管理体制随着社

---

① 斯蒂尔曼. 公共行政学：上册 [M]. 李方，等译. 北京：中国社会科学出版社，1988：179-182.

会科技化程度的提高而越发显得笨拙，且穷于应付。科技的高度发达在无形中日益破坏了原来权力得以集中的技术基础，从根本上带来了分权改革的必要性，产生了要求政府向半政府组织（中介机构）、社区、公民以及下一级政府机构下放权力的压力。

现代科学技术的发展要求政府放松规制。西方资本主义社会发展的早期，奉行的是"自由放任主义"的原则，相信市场经济能够自动实现均衡发展和充分就业，政府承担的经济社会职能仅限于为经济发展提供基本的公共服务和社会管理。20 世纪二三十年代爆发的资本主义世界的经济危机，使西方政府加强了政府的管制。于是，在工业社会的科技条件下，像铁路运输、电信、邮电、航空等行业在政府的干预下，成为自然垄断部门。为了保护并促进这些部门的发展，要么由政府进行独家经营，要么对进入这些行业、部门经营设置种种限制（市场准入方面的规制），允许私人垄断经营。对于后者，政府还必须对其产品的价格、服务内容和质量做出严格规定。这正是西方政府规制的表现。在工业技术社会里，政府的经济性规制是有其积极作用的。然而，进入 20世纪 70 年代以后，一方面，随着科技的不断发展和高新技术的不断涌现，政府对传统的自然垄断部门的保护性经济规制也就失去了存在的技术基础。另一方面，由于政府经济性管制而形成的对被管制企业的保护往往会使企业产生一种惰性，不能也不愿充分利用科学技术的新成果以提高产品和服务的质量、降低价格，凡此种种必然会导致被管制行业在国际上的竞争力下降与消费者的争议和不满。更何况那些掌握新的科学技术的利益群体，为了把自己的技术优势转化为经济利益、进入受管制的行业分享市场利润与市场份额，也必然会通过种种途径向政府施加压力，要求放松规制。如西方国家对其航空、电信业规制的放松等，正是由掌握新的通信技术的利益群体所推动的。

无论是"市场失灵"还是"政府失效"，在某种程度上都与一定的科技水平相关联。随着科技的不断发展，一方面，公共行政的管理技术得到了提高；另一方面，市场原来失灵的地方可能不再失灵。这时，政府从某些管制领域的退出则成为科技水平与科技成果对政府治理的价值层面的影响，最终必然会反馈到行政系统，引发行政变革。

简言之，科技创新和技术变革始终是社会前进的不竭动力，在改革和发展的进程中不仅要始终尊重知识、尊重人才，还要更加重视科研、注重创新。无论是经济的发展、社会的进步，还是政府的改革，现在几乎都离不开科技的创新与应用。科学技术为政府治理理念和治理范式的变迁提供了强有力的技术手段与技术支持。

8.2 行政服务机构建设中的技术变革

8.2.1 技术变革与政府信息化

在当代社会，技术变革主要体现为由信息技术的不断发展和广泛应用所形成的人们的生产、生活和工作方式由手工操作向自动操作转化、线状联系向网状联系转化、平面互动向立体互动转化。于是，信息技术的发展，特别是网络技术和通信技术的发展，正在改变着人们几千年来形成的信息传递方式、人际沟通方式和社会管理的组织方式，并深刻地影响着经济发展、社会生活和政府运作的方式。

伴随着信息技术的发展，信息已取代传统的其他资源，成为战略性资源；信息资源管理和知识管理，已成为各行业的核心管理领域。从世界范围来看，传统的工业型经济逐渐为全球化的知识经济所取代已成为一种必然的趋势；而信息和知识的生产、加工与处理，成为创造财富的基础。以信息和知识为基础的信息产业，已成为全球经济的主导产业。于是，国民经济和社会信息化水平的高低，成为衡量一个国家综合国力的重要标志。

在国民经济和社会信息化过程中，政府信息化处在关键和核心的位置，也成为技术变革在政府改革领域的第一着眼点。这是由政府在推动国家信息化中的主导地位和特殊角色，以及政府管理对信息的广泛依赖所决定的。为迎接信息社会的挑战，不少国家及地区的政府，一方面积极发展国家信息基础设施，另一方面又致力于政府信息化，利用信息技术改革政府，构建电子政府。于是，推动政府信息化，实施电子政务，成为世界新一轮政府行政管理改革和衡量国家综合国力与竞争力水平的重要标志，并带来政府公共行政管理方式的一些革命性的变化。

1. 变革公共行政管理模式

网络信息技术在政府系统中的广泛应用，给政府公共行政管理模式带来革命性变化。一方面，技术变革促使政府组织结构由传统金字塔式结构向网络状、扁平式结构转变，由传统政府、手工政府向现代政府、电子化政府转变。另一方面，作为一种重要的技术载体，政府信息化本身就代表先进的公共行政管理模式。通过推进政府信息化，极大地促进了政府管理方式和运作机制的改革，从而能够更好地破解政府行政管理方式中的"程序迷宫"和"规则迷宫"等问题，提供更加快捷、方便的公共服务，为建立符合市场经济体制要求和国际通行规则的现代行政管理模式打下良好的基础。

2. 推动行政管理现代化

政府信息化可以使现代行政管理系统的管理组织运行日益技术化、管理手段现代化。人们可以把各种先进的行政管理思想、行政管理方法

和信息技术融为一体，建立有效的计算机网络管理系统，使行政管理环境越来越趋向数字化和网络化。

3. 提高政府的行政效率

网络信息技术的应用已经使行政效率得到提高，信息化带来的变化更为明显。一方面，信息化加强了政府的信息获取和交换功能，新型政府可以使用各种新技术手段实现网络化管理。信息的收集、处理、传递和沟通的方式更快捷、更经济，政府整体行政办事效率大幅提升。另一方面，信息可以在组织内部为更多人共享，越来越多的问题在较低的层级就可以得到解决，以上传下达为主要工作内容的中间管理层可以大为精简，因信息传递不及时或错误所造成的内耗可以大大减少，行政程序进一步简化。

4. 促进政府的政务信息公开

政府信息化有助于政府公开施政和公众参政。政府通过政务公开，可以将更多的政府信息向社会公众公开。政府在制定政策、做出重大决策的过程中，可以通过网络让公众参与，让公众发表意见和建议。公众也可以通过信息网络监督政府的运作，了解政府的工作进程和工作业绩，从而对政府工作做出比较准确的评价，达到改进政府工作的目的。

5. 改善和优化行政服务质量

政府信息化以技术创新促进制度创新，并不断巩固制度创新的成果，以强大的示范效应推动社会的全面创新，提高了政务的处理效率，从而优化了政府的行政服务质量。

8.2.2 技术变革与政府流程再造

如果说政府信息化是技术变革在政府改革领域的第一个着眼点的

话，那么政府流程再造则成为技术变革在政府改革领域的第二个着眼点。政府流程再造是企业流程再造的思想在政府改革领域的发展与应用。

1. 流程再造的含义与原则

流程再造又称企业流程再造、业务流程再造或业务流程重组，是20世纪90年代美国麻省理工学院教授迈克尔·哈默博士和CSC指数公司董事长詹姆斯·钱匹为了探寻美国汽车技术落后的原因，学习日本经验后提出来的。根据哈默与钱匹的定义，"业务流程再造就是对企业的业务流程进行根本性再思考和彻底性再设计，从而获得在成本、质量、服务和速度等方面业绩的戏剧性的改善"，使得企业能最大限度地适应以"顾客、竞争和变化"为特征的现代企业经营环境。

作为一种全新的企业管理革命的理论，"流程再造"包含两个基本思想：一是组织必须识别哪些流程是关键，并使之尽量简捷有效；二是必须扬弃枝节（包括企业中可有可无的人）。显然，流程再造对企业的改造是全面的、彻底的，只有紧紧抓住企业的业务流程，以流程改造为核心，依次对企业的战略、组织、管理、人事、理念等进行整体性的彻底改造，才能称作对企业的再造。这就意味着要从事物的根本着手，不是对现有的事物做表面的变动，而是把旧的一套抛掉，将现行体制打破重组，从而实现企业过程的改善和业绩的巨大提高，迎来企业的新生。所以，流程再造必须通过对过程的巨大改善，满足不同顾客对质量、速度、新颖、标准化和服务的需要。哈默提出，实施流程再造必须符合涉及工作时间、地点、执行者以及信息采集与集成等因素的七大原则。

原则1：围绕最终结果而非具体任务来实施再造工程。原来由不同专业人员干的工作要合并为一个工作，由一个业务员或工作组来完成。所产生的新工作应包括全部步骤，并有明确的产出。围绕最终结果来实施再造省去了传递过程，从而加快了速度，提高了效率，并能对顾客变化做出快速反应。

原则2：让后续过程的有关人员参与前段过程。采取就近原则来执行工作最有意义，这将导致某个过程由最熟悉它的人来完成，从而打破传统的部门内和部门间的界限。

原则3：将信息处理融入产生该信息的实际工作中去。信息收集者应该负责信息处理工作，使得其他人处理、协调该信息的工作量降到最低。通过减少过程的外部接触点，从而大大减少了差错。

原则4：将地域上分散的资源集中化。信息技术使得分散经营和集中经营互融成为可能。通过将完成同一工作的不同部门的资源集中起来，来推进工作的完成，同时，又使得企业的总体控制得以改善。

原则5：将平行工序连接起来而不是集成其结果。仅仅归总最终集合在一起的平行工序的结果，不可避免地导致重复工作、高额成本和拖延整个过程的进展。在再造过程中，应该不断协调这些平行工序。

原则6：决策点下移并将控制融入过程。决策应成为工作的一部分。一个受过良好教育、知识丰富的员工，在决策支持技术的帮助下，从事决策活动并不是不可能的事。控制已成为过程的一部分，它所产生的垂直压缩形成了更加扁平化和快速响应的企业。

原则7：在源头获取信息。利用企业的在线信息系统，在信息的源头对信息进行一次性收集和获取，这样就避免了错误信息进入和信息重新获取的费用。

2. 流程再造中信息技术的作用

流行于20世纪90年代的流程再造的管理思想一经出现，立即被很多大企业付诸实践，并取得了巨大成功，获得了新生。

然而，不同的企业在追求流程再造的过程中，绩效改进的目标内容是不同的，有些企业追求低成本，有些企业则追求速度和质量，还有些企业注重企业创新这一非传统绩效改进的目标。无论企业在业务流程再造过程中追求绩效改进的目标是什么，业务流程再造框架所关注的五个要素，都将直接影响以上目标的实现。如图 8-1 所示，业务流程再造框架主要从企业文化、人员素质、业务流程、组织系统以及信息系统方面进行企业变革，以实现企业目标。

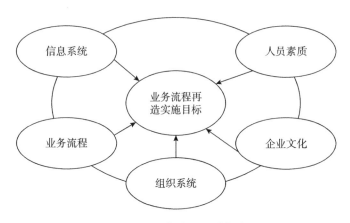

图 8-1　业务流程再造框架

但是，无论企业基于什么样的绩效改进目标，信息技术在创造、转移和管理信息方面都扮演着重要的角色。信息技术在企业管理中的应用，注重对业务流程的信息化改造，不过单单靠创新信息技术并不能实现过程创新和改善，技术只是实现流程再造的载体。

总而言之，流程再造是一种管理思想，而信息技术仅仅是一种技术；流程再造既可以独立于信息技术而存在，也可以和信息技术结合而存在；但在流程再造由思想到现实的转变中，信息技术无疑会起到良好的催化剂作用。

3. 政府流程再造

政府流程再造是指在引入现代企业业务流程再造理念和方法的基础

上，以"公众需求"为核心，对政府部门原有组织结构、服务流程进行全面、彻底的重组，形成政府组织内部决策、执行、监督的有机联系和互动，以适应政府部门外部环境的变化，谋求组织绩效的显著提高，使公共产品或服务更能获得社会公众的认可。

（1）政府流程再造是对传统社会管理和公共服务方式的改革与创新。

政府流程再造是以政府为主体的政府部门在反思传统行政组织业务流程弊端的基础上，运用网络信息技术，摈弃以任务分工与计划控制为中心的工作流程设计观念，打破政府部门内部传统的职责分工与层级界限，实现由计划性、串联性、部门分散性、文件式工作方式向动态化、并联化、部门集成化、电子化工作方式的转变，建立以问题诊断为前提、以解决问题为宗旨的服务流程模式。

（2）政府流程再造体现了以"公共需求为导向"的核心理念。

传统的行政组织流程是围绕"职能"与"计划"展开的，对公众的诉求缺乏了解和回应。而政府流程再造的宗旨，就是要改"职能导向"为"需求导向"，以最大限度地满足公众的需求为核心，在了解公众需求的基础上，从成本、质量、服务和速度等方面改善工作业绩，以提升公众对公共服务品质的满意度，提高政府部门的公信力，实现政府流程再造的价值追求。

（3）政府流程再造是多向互动的系统工程。

政府流程再造既非工作流程的简化或重组，也非单纯依靠信息技术实现部门的整合或联动，而是对政府部门的行政理念、发展目标、行为准则、治理模式、制约机制的整体再造。它涉及政府部门内部机构之间、政府部门之间、政府与社会组织之间、政府与社会公众之间的沟通与互动，必然会带来政府部门在组织结构、决策程序、运行机制、评估体系、激励机制等方面的显著变化。因此，政府流程再造绝非在原有流程上的修修补补，而是一场彻底、深刻、持续的变革。

由此可以看出，政府流程再造是在企业流程再造的基础上提出的政府业务流程再造模式，其基本理念仍是以业务流程为关注对象，并根据政府管理流程的特点进行具体的应用。作为企业流程再造在政府管理中的延伸，政府流程再造在实质上体现为以下方面：从政府流程再造的目标看，其作为一种新的管理理念应用于政府管理中，根本目标还是在于通过对政府流程的梳理和重组，使政府组织绩效有显著提高。

8.2.3　技术变革与电子政府的构建

技术变革在政府改革领域的第三个着眼点就是电子政府的构建。"电子政府"的开展，尤其是其核心"电子服务"的发展，转变了政府管理和公共服务的理念，强化了公共服务必须以公众为焦点和中心。为了满足公众能够随时随地与政府接触的要求，除了服务渠道必须多元化，政府也必须实行重组和管理理念变革，推进政府从管理型政府向服务型政府转变。从长远来看，政府还必须高度重视信息化社会的公平与平等问题。政府应当积极致力于消除"数字鸿沟"问题，努力缩小"信息富人"和"信息穷人"之间的差距，使每个人都具有获得政府电子服务的权利，尤其是那些非常关键的服务，例如教育、社会保障、福利等。如果这些信息差距得不到妥善解决，则新技术就会产生新障碍。电子政府扩大了社会公平与民主政治的内涵，信息技术带来的最大影响之一就是大大拉近了决策者与参与者、服务提供者与服务接受者之间的距离。信息技术和互联网的发展给公众积极参与公共决策和公共服务提供了很好的契机，同时对传统的理念和制度也产生了一定的冲击，深刻理解这一点对构建电子政府非常重要。

为公众提供电子服务，是电子政府的核心。为公众和社会提供服务，这是政府的主要职能之一。电子政府的开展，是利用信息技术对传统政府服务方式和内容的再造和创新，政府信息化的最终目标是更好地给公众和社会提供电子服务，政府办公自动化和电子化只是一种手段和方式，并不是政府电子化的最终目标。发展电子服务，并不是将原有的传统政府服务简单地向网上移植，而是需要对传统服务进行创新、重组和整合。

8.3 技术变革与行政服务机构建设

8.3.1 技术变革给行政服务机构建设带来的挑战

20 世纪 40 年代以来科学技术迅猛发展，受技术理性思潮的影响，计算机科学、系统论、信息论、控制论、运筹学、统计学、网络技术、通信技术等领域的科学研究方法逐渐被应用到行政管理中，如目标管理方法、系统分析方法、全面质量管理方法、控制技术与方法、网络规划方法、决策技术与方法、统计分析方法等，形成了一整套科学化、技术化的行政管理的方式与方法。科学研究方法同时也体现了行政管理手段技术化的特征。网络技术、通信技术、控制技术、测评技术等技术手段的运用，凸显了行政过程及行政效果的确定性及保障性。行政管理的技术化特征使行政的工具性、管理性的功能更加突出，使行政目标的实现更有保证，从而突出了行政的理性化的价值追求。科学研究方法的引入促使行政管理的发展走上了科学化、技术化的道路，从而凸显了行政发展的理性化的价值取向。因此，在行政服务机构建设的过程中，结合理念变革和制度创新，应不失时机地选择恰当的先进技术，促进行政审批、行政服务、行政监督的科学化、信息化和技术化，以技术手段巩固理念变革和制度创新的重要成果。

全球化和知识经济是 20 世纪中期以后全球社会大转型历程中所经历的两场大革命。公共事务管理要能够回应时代要求，就必须建构优质治理的要素模式，这样的治理要素模式包括知识密集型治理和学习型治理。① 知识密集型治理和学习型治理相辅相成。一方面，知识密集型治理要求公共事务的管理者必须以先进的管理理念、知识密集的管理技术和管理方式实施管理和社会治理。另一方面，进行这样的科学的管理实践要求管理者必须与时俱进，持续不断地学习、研究和应用新的治理理念和方法，并且这样的学习型治理要求管理者坚持不懈地力行终身学习、全员学习、全过程学习和管理组织各层面的学习，从而以知识密集型治理的积极模式来应对时代的挑战。

8.3.2　信息化背景下的行政服务机构建设

对于现代国家的政府来说，在信息社会中，提高掌握、传播和利用信息的能力，进而提高政府工作效率和效益，成为提高政府竞争力的主要渠道之一。因此，在信息技术革命的压力下，政府通过信息技术改进政府组织，实现办公自动化和信息化，进而实现政府管理的现代化和科

---

① DROR Y. The capacity to govern: a report to the club of Rome [M]. London: Frank Cass Publishers, 2002: 72.

学化，为现代政府的管理体制改革提供了前所未有的机遇。[①]

信息技术革命为政府管理和服务提供了全新的手段和思路，从而为政府实现上述目的提供帮助。这主要体现在政府履行职能的方式、方法和手段的转变上。[②] 通过信息技术利用网络优势加速信息流通，拓展公共服务空间，为公众提供更加优质、更加快捷的政府服务，为政府的服务职能赋予了新的内容和含义，为政府职能的转变提供了技术支持。对于政府内部来说，通过技术手段对政府部门的职能进行梳理，使政府内部的各个职能部门边界清晰，互联互通，对促进政府各部门的职能分解和流程整合，提高整体行政效率，促进政府内部各职能部门新型关系的形成具有重大意义。

信息技术革命不但使政府信息公开制度的执行得以实现，而且政府机关可以借助现代信息和通信技术建立政府组织间、政府与社会、政府与企业、政府与公民之间的广泛的沟通网络。

8.3.3 迈向电子政府的行政服务机构建设

作为政府信息化的核心内容，电子政府并不是简单地将传统的政府管理事务原封不动地搬到互联网上，而是要对政府进行组织结构的重组和业务流程的再造。具体来说，电子政务把曾经只能在真实空间里行使的政府职能，通过数字化的方式延伸出去；使原来需要大量的人力来处理的行政事务，在数字化设备和虚拟空间中轻松获得办理，甚至自动进

---

① 沈亚平. 转型社会中的系统变革：中国行政发展 30 年 [M]. 天津：天津人民出版社，2008：320.

② 沈亚平. 转型社会中的系统变革：中国行政发展 30 年 [M]. 天津：天津人民出版社，2008：320.

行处理。政府系统的反应、决策、沟通能力大大提高，并从根本上把政府治理从封闭的行政系统中拓展出来。迈向电子政府的行政服务机构建设呈现出三大发展趋势。

1. 向网络化、扁平化方向发展

传统政府组织结构是一个刚性化的机械式组织，有固定的职位、严格的层级关系和层层传递的信息渠道，庞大的中间管理层承担着"上通下达"的作用。而在网络化条件下，大量复杂的信息能够实现迅速、及时地传递和处理，从而大幅度减少中间环节，扩大管理幅度，减少或者取消组织中间管理层次，压平组织结构，推动组织结构从传统科层制向扁平网络化转变。扁平或网络组织结构强调信息共享，重视横向的联系、沟通与协作，大大提高了组织的反应能力和工作效能，减少了组织的人力资源成本。同时，在这种网络化、扁平化的行政管理模式中，信息技术可以保证组织成员的全方位沟通和团队合作，从而有利于提高行政组织的绩效。

2. 向现代化、知识化方向发展

信息技术革命使现代行政管理系统的管理组织运行日益技术化，管理手段日益现代化。随着信息高速公路的开通和拓展，人们建立了许多从前无法想象的管理系统，办公自动化、多媒体、计算机设备成为行政管理中的重要硬件。相应地，行政服务机构的建设将大量地运用现代的管理方法和先进技术，如全面质量管理方法、优选法、价值工程、网络技术、线性规划、计划评审技术、技术经济分析、预测技术和绩效评估技术等，得到了网络信息技术的支持并贯穿于整个管理过程之中。

3. 向动态化、灵活化方向发展

传统管理的一大弊端是管理活动的静态性和时滞性。即使存在某些动态管理的方式，也因成本过高和缺乏有效的技术而难以落实。在网络时代，通过互联网可以对信息及时、全面地把握，实现了自动化和智能化管理，从而使任何层面、任何行业、任何环节的管理活动和协调活动成为可能。网络化管理更注重对外在环境的反应，具有活力、灵活机动性、超前意识、面向未来、开拓创新精神，是维系行政组织动态管理和动态平衡的基本要求。政府的信息化发展和电子政府的构建使得这种灵活性大大增强。

第 9 章

结论与思考

　　本章针对学术界和理论界对于我国行政服务机构建设的研究提出整体性的理论思考：是单维视角还是多维视角？在此基础上，提出本书的基本结论：理念、制度和技术在行政服务机构建设过程中应该通盘考虑、整合推进，并加强顶层设计。最后，对于本研究的不足之处和进一步的研究方向做一个概要性的介绍。

9.1　单维视角还是多维视角：行政服务机构建设的理论思考

　　近年来，行政服务机构作为政府贴近公民提供公共服务的一个有形载体，已经受到社会的广泛认可，有效地推动了政府职能的转变，并对增进政府与公民互信关系起到了积极作用。现有的行政服务机构建设模式不仅反映了行政理念从控制向服务的转变，而且从技术操作层面使一体化政府的塑造加速，为我国的全面转型提供了由整合行政执行入手来构建新型的政府与企业、公民关系的新渠道。① 从第一家行政服务机构在我国的诞生到现在行政服务机构在全国普遍开花，我国各地行政服务机构经历了多年的建设和发展，学术界和实务界对于行政服务机构建设的理论研究和实践探索也有了很大的进步。

虽然国内学术界对于行政服务机构建设的研究越来越丰富，但学者们往往从单一学科、单一视角或运用某一案例来分析和研究行政服务机构建设的相关问题，难以形成对行政服务机构建设和发展的整体性解释和思考，从而难以给行政服务机构建设的实践者以整体性的启发与参考。从众多关于行政服务机构研究的既有文献来看，对行政服务机构建设的关注和研究虽然总体趋向越来越深入，许多研究对其发展背景、现状、特征及意义进行描述和分析，并针对出现的问题提出了一些富有价值的对策，但这些研究多属于简单归纳或个案解释性研究。这些研究概括起来基本上呈现出三种研究视角：价值主义的视角、制度主义的视角、技术主义的视角。因此，总体而言，对于行政服务机构建设的研究，零散的研究多，系统的研究少；重复性的研究多，具有独特性的研究少；进行简单现状描述的研究多，进行全面理论提升的研究少；问题对策型的研究多，学理解释型的研究少；单维视角的研究多，多维视角整合的研究少。从总体上看，还没有对行政服务机构建设比较全面、深入的实证研究，对行政服务机构功能定位、建设逻辑、运行规律和发展方向还缺乏富有说服力的结论。因此，行政服务机构建设必须理论结合实际，努力实现从单维研究视角向多维整合研究视角的转换。

---

① 褚松燕. 行政服务机构建设与整体性政府的塑造 [J]. 中国行政管理, 2006 (7): 48-51.

9.2　理念、制度和技术：行政服务机构建设的整合推进

　　本书尝试打破从单一学科、单一视角或运用某一案例来研究行政服务机构建设的局限性，以对社会转型与信息社会这一行政服务机构建设的总体背景的考察和对行政改革与制度创新这一行政服务机构建设的分析为立足点，以国内外相关文献检索为基础，从中西方行政服务的代表性思想和西方公共行政的典型性理论寻找研究我国行政服务机构建设的理论资源，理论结合实践，创造性地提出了一个尝试性的整合分析框架：理念、制度和技术。这一分析框架的提出，既得益于笔者长期对地方治理的制度创新和地方行政服务机构建设的关注和思考，也得益于笔者近年来参与的地方政府制度创新的一系列改革咨询的实践活动。

　　在这一分析框架中，理念重塑是先导，制度创新是根本，技术变革是手段。三者虽在总体上有时序之先后，领域之分隔，但也不是绝对分离的；三者在时序上，既有历时性，又有共时性；在领域和范围上，既有独立性，又有交融性；在行政服务机构建设的实践中，只有这三者之间形成良性互动，相互促进，相互推动，达成交融互渗，共荣共生，循序渐进，形成制度合力效应，才能收到良好的改革成效，才能促进行政服务机构建设健康、可持续发展。

　　本书认为，在我国行政服务机构建设和发展的进程中，无论是理念的重塑，还是制度的创新，或是技术的变革，最后都要达到一个终极目标——构建服务型政府，实现为人民服务。而在行政服务机构建设的实践中，一级政府对此应有自己的通盘考虑，统筹兼顾和周密部署，结合党和国家宏观的发展战略和具体的精神指示，以及自身的客观实际和发

展态势，适时做出动态调整和机构优化，以改革和创新的姿态积极推进行政服务机构建设。

9.3 余论

纵观人类社会发展的历史，政府的治理模式大概有三种：统治型、管理型、服务型。① 从一开始，行政服务机构建设就不是一个简单的机构建设问题，而是一种新体制的创设和确立，即服务型政府模式。从这个意义上说，我国各地行政服务机构的改革与探索，是我国整个行政改革和服务型政府构建的试验田、突破口和推进器。

在知识经济时代，政府一方面需要不断完善自身建设，不断提升执政能力，另一方面需要以主动、坦诚的姿态全面、广泛地与社会组织协调合作，特别是充分吸收全社会的知识和智力，以补充其能力和资源的不足，改善和优化社会治理。

良好而有效的治理可以诠释为一种多元复合的公共治理。由于转型社会呈现出多重命运共同体的生态结构——多元与统一的社会关系、竞争与合作的经济关系以及自治与共治的政治关系，因此，多元复合的公共治理有助于人类社会发展的平等性、多样性、创新性、灵活性、适应性以及可持续性。②

本书认为，针对我国行政服务机构建设的现实，一方面要继续鼓励和推进我国地方政府行政服务机构建设的改革和创新，可以从"理念、制度和技术"三位一体的框架进行整合改革和创新，另一方面要注重

---

① 井敏. 构建服务型政府：理论与实践 [M]. 北京：北京大学出版社，2006：116-152.

② 张昕. 转型中国的治理与发展 [M]. 北京：中国人民大学出版社，2007：27.

我国行政服务机构建设的顶层设计，总体规范和协调全国各地各级政府的行政服务机构的建设和发展，提供强有力的制度性保障，以保持我国行政服务机构建设持续、稳步、健康地发展。

本书对于行政服务机构建设的研究还只能算是一项尝试性研究，提出的研究框架还有待完善，也由于研究经验和写作时间的关系，采用的调研数据和资料还不够全面，对于问题的论证分析还不够深刻。但是笔者仍然有志向、有信心、有兴趣在今后的时间继续关注和参与地方政府行政改革与地方治理的研究，力图为推动我国地方政府的行政改革及实现良好的地方治理贡献自己的绵薄之力。

参考文献

［1］阿尔布罗. 官僚制［M］. 阎步克，译. 北京：知识出版社，1990.

［2］奥斯本，盖布勒. 改革政府：企业家精神如何改革着公共部门［M］. 周敦仁，等译. 上海：上海译文出版社，2006.

［3］奥斯本，普拉斯特里克. 摒弃官僚制：政府再造的五项战略［M］. 谭功荣，刘霞，译. 北京：中国人民大学出版社，2002.

［4］奥斯本，普拉斯特里克. 政府改革手册：战略与工具［M］. 谭功荣，等译. 北京：中国人民大学出版社，2004.

［5］巴泽雷. 突破官僚制：政府管理的新愿景［M］. 孔宪遂，等译. 北京：中国人民大学出版社，2002.

［6］比瑟姆. 科层制［M］. 郑乐平，译. 台北：桂冠图书有限公司，1992.

［7］彼得斯. 政府未来的治理模式［M］. 吴爱明，夏宏图，译. 北京：中国人民大学出版社，2001.

［8］波波维奇. 创建高绩效政府组织：公共管理实用指南［M］. 孔宪遂，耿洪敏，译. 北京：中国人民大学出版社，2002.

［9］薄贵利. 政府管理创新前沿问题研究［M］. 北京：人民出版

社，2008.

[10] 蔡立辉. 电子政务：信息时代的政府再造 ［M］. 北京：中国社会科学出版社，2006.

[11] 陈国权. 社会转型与有限政府 ［M］. 北京：人民出版社，2008.

[12] 陈家刚. 协商民主 ［M］. 上海：上海三联书店，2004.

[13] 陈家刚. 协商民主与政治发展 ［M］. 北京：社会科学文献出版社，2011.

[14] 陈荣富. 公共管理前沿问题研究 ［M］. 哈尔滨：黑龙江人民出版社，2002.

[15] 陈潭，等. 大数据时代的国家治理 ［M］. 北京：中国社会科学出版社，2015.

[16] 陈潭. 寻求公共事务的治理逻辑 ［M］. 北京：中国政法大学出版社，2016.

[17] 陈潭. 寻找公共政策的制度逻辑 ［M］. 北京：中国政法大学出版社，2016.

[18] 陈翔. 地方行政服务中心的定位和方向：基于安徽省的实证研究 ［M］. 合肥：中国科学技术大学出版社，2008.

[19] 陈向明. 质的研究方法与社会科学研究 ［M］. 北京：教育科学出版社，2000.

[20] 陈振明. 公共管理学：一种不同于传统行政学的研究途径 ［M］. 2版. 北京：中国人民大学出版社，2003.

[21] 陈振明. 政府再造：西方"新公共管理运动"述评 ［M］. 北京：中国人民大学出版社，2003.

[22] 达夫特. 组织理论与设计 ［M］. 王凤彬，张秀萍，等译. 北京：清华大学出版社，2003.

［23］登哈特 J，登哈特 R. 新公共服务：服务而非掌舵［M］. 丁煌，译. 北京：中国人民大学出版社，2004.

［24］邓小平. 邓小平文选：第 2 卷［M］. 北京：人民出版社，1994.

［25］邓小平. 邓小平文选：第 3 卷［M］. 北京：人民出版社，1993.

［26］狄骥. 公法的变迁：法律与国家［M］. 郑戈，冷静，译. 沈阳：春风文艺出版社，辽海出版社，1999.

［27］丁煌. 西方公共行政管理理论精要［M］. 北京：中国人民大学出版社，2005.

［28］丁煌. 西方行政学说史［M］. 修订版. 武汉：武汉大学出版社，2004.

［29］董克用. 公共治理与制度创新：第一届中美公共管理学术研讨会论文集［M］. 北京：中国人民大学出版社，2004.

［30］杜钢建. 政府职能转变攻坚［M］. 北京：中国水利水电出版社，2005.

［31］段龙飞. 我国行政服务中心建设［M］. 武汉：武汉大学出版社，2007.

［32］弗雷德里克森. 公共行政的精神［M］. 张成福，等译. 北京：中国人民大学出版社，2003.

［33］傅大友，袁勇志，芮国强. 行政改革 & 制度创新：地方政府改革的制度分析［M］. 上海：上海三联书店，2004.

［34］高全喜. 全球视野中的社会转型［M］. 北京：人民日报出版社，2009.

［35］顾丽梅. 信息社会的政府治理：政府治理理念与治理范式研究［M］. 天津：天津人民出版社，2003.

［36］郭济，商红日. 行政发展观与行政管理体制改革：全国第四届行

政哲学年会文集［M］．上海：立信会计出版社，2007.

[37] 郭济．行政哲学导论［M］．哈尔滨：黑龙江人民出版社，2003.

[38] 国家行政学院国际合作交流部，宋世明，等．西方国家行政改革述评［M］．北京：国家行政学院出版社，1998.

[39] 何显明．市场化进程中的地方政府行为逻辑［M］．北京：人民出版社，2008.

[40] 何颖．行政哲学研究［M］．北京：学习出版社，2011.

[41] 胡鞍钢，王绍光，周建明．第二次转型　国家制度建设［M］．北京：清华大学出版社，2003.

[42] 胡鞍钢．中国战略构想［M］．杭州：浙江人民出版社，2002.

[43] 胡广伟，曹银美．基层政府智慧政务之路：政务服务 O2O 整合路径与实践［M］．北京：科学出版社，2017.

[44] 黄健荣，等．公共管理新论［M］．北京：社会科学文献出版社，2005.

[45] 加缪．西绪福斯神话［M］．郭宏安，译．北京：新星出版社，2012.

[46] 金太军．当代中国政府与政治论稿［M］．广州：广东人民出版社，2009.

[47] 井敏．构建服务型政府：理论与实践［M］．北京：北京大学出版社，2006.

[48] 卡明斯，沃里．组织发展与变革精要［M］．李剑锋，等译．北京：清华大学出版社，2003.

[49] 柯武刚，史漫飞．制度经济学：社会秩序与公共政策［M］．韩朝华，译．北京：商务印书馆，2000.

[50] 科斯，阿尔钦，诺斯，等．财产权利与制度变迁［M］．刘守英，

等译. 上海：上海人民出版社，1994.

[51] 拉尔森. 社会科学理论与方法［M］. 任晓，等译. 上海：上海人民出版社，2002.

[52] 李剑锋. 政府组织行为学［M］. 北京：中国人民大学出版社，2005.

[53] 廖扬丽. 政府的自我革命：中国行政审批制度改革研究［M］. 北京：法律出版社，2006.

[54] 林登. 无缝隙政府：公共部门再造指南［M］. 汪大海，吴群芳，等译. 北京：中国人民大学出版社，2002.

[55] 林尚立，等. 制度创新与国家成长：中国的探索［M］. 天津：天津人民出版社，2005.

[56] 刘靖华，等. 政府创新［M］. 北京：中国社会科学出版社，2002.

[57] 刘祖云. 社会转型解读［M］. 武汉：武汉大学出版社，2005.

[58] 刘祖云. 中国社会发展三论：转型·分化·和谐［M］. 北京：社会科学文献出版社，2007.

[59] 卢现祥. 新制度经济学［M］. 武汉：武汉大学出版社，2004.

[60] 卢映川，万鹏飞，等. 创新公共服务的组织与管理［M］. 北京：人民出版社，2007.

[61] 吕乃基. 科技革命与中国社会转型［M］. 北京：中国社会科学出版社，2004.

[62] 罗尔斯. 正义论［M］. 何怀宏，等译. 北京：中国社会科学出版社，1988.

[63] 罗文燕. 行政许可制度研究［M］. 北京：中国人民公安大学出版社，2003.

［64］马骏，张成福，何艳玲. 反思中国公共行政学：危机与重建
　　　［M］. 北京：中央编译出版社，2009.

［65］麦基. 建设更好的政府：建立监控与评估系统［M］. 丁煌，译.
　　　北京：中国人民大学出版社，2009.

［66］毛寿龙，李梅. 西方政府的治道变革［M］. 北京：中国人民大
　　　学出版社，1998.

［67］毛泽东. 毛泽东选集［M］. 北京：人民出版社，1967.

［68］梅绍祖，TENG. 流程再造：理论、方法和技术［M］. 北京：清
　　　华大学出版社，2004.

［69］诺思. 经济史中的结构与变迁［M］. 陈郁，等译. 上海：上海
　　　三联书店，1991.

［70］欧阳康. 哲学研究方法论［M］. 武汉：武汉大学出版社，1998.

［71］彭和平，等. 国外公共行政理论［M］. 北京：中共中央党校出
　　　版社，1997.

［72］阮成发. WTO 与政府改革［M］. 北京：经济日报出版社，2001.

［73］萨巴蒂尔. 政策过程理论［M］. 彭宗超，钟开斌，等译. 北京：
　　　生活·读书·新知三联书店，2004.

［74］申建军，刘智勇，等. 北京市行政服务体系建设研究［M］. 北
　　　京：首都经济贸易大学出版社，2010.

［75］沈岿. 平衡论：一种行政法认知模式［M］. 北京：北京大学出
　　　版社，1999.

［76］沈亚平，王骚. 社会转型与行政发展［M］. 天津：南开大学出
　　　版社，2005.

［77］沈亚平. 转型社会中的系统变革：中国行政发展 30 年［M］. 天
　　　津：天津人民出版社，2008.

［78］石亚军. 中国行政管理体制现状问卷调查数据统计［M］. 北京：
中国政法大学出版社，2008.

［79］世界银行. 2004 年世界发展报告：让服务惠及穷人［M］. 本报
告翻译组，译. 北京：中国财政经济出版社，2004.

［80］斯蒂尔曼. 公共行政学：上册［M］. 李方，等译. 北京：中国
社会科学出版社，1988.

［81］宋林飞. 社会调查研究方法［M］. 上海：上海人民出版
社，1990.

［82］宋世明. 美国行政改革研究［M］. 北京：国家行政学院出版
社，1999.

［83］孙柏瑛. 当代地方治理：面向 21 世纪的挑战［M］. 北京：中国
人民大学出版社，2004.

［84］孙选中. 服务型政府及其服务行政机制研究［M］. 北京：中国
政法大学出版社，2009.

［85］孙耀君. 西方管理学名著提要［M］. 3 版. 南昌：江西人民出版
社，1998.

［86］泰罗. 科学管理原理［M］. 胡隆昶，译. 北京：中国社会科学
出版社，1984.

［87］谭海波. 整合与形塑：地方政务服务机构的运作机制——J 市行
政服务中心的个案考察（1997—2011）［M］. 北京：社会科学文
献出版社，2015.

［88］唐斯. 官僚制内幕［M］. 郭小聪，等译. 北京：中国人民大学
出版社，2006.

［89］汪玉凯. 电子政务在中国：理念、战略与过程［M］. 北京：国
家行政学院出版社，2006.

[90] 韦伯. 社会科学方法论 [M]. 杨富斌，译. 北京：华夏出版社，1999.

[91] 吴佩纶，齐明山. 当代西方行政改革的理论与实践 [M]. 北京：改革出版社，1993.

[92] 西尾胜. 行政学：新版 [M]. 毛桂荣，等译. 北京：中国人民大学出版社，2006.

[93] 席恒，孙录见，刘文瑞. 社会转型与公共管理 [M]. 北京：中国社会科学出版社，2006.

[94] 夏海. 中国政府架构 [M]. 北京：清华大学出版社，2001.

[95] 肖金明. 法治行政的逻辑 [M]. 北京：中国政法大学出版社，2004.

[96] 颜廷锐，等. 中国行政体制改革问题报告：问题·现状·挑战·对策 [M]. 北京：中国发展出版社，2004.

[97] 杨寅. 公共服务政府与行政程序构建 [M]. 北京：法律出版社，2006.

[98] 叶长茂. 制度转轨的政治艺术：当代中国渐进式政治发展研究 [M]. 武汉：武汉大学出版社，2009.

[99] 俞可平. 地方政府创新与善治：案例研究 [M]. 北京：社会科学文献出版社，2003.

[100] 俞可平. 增量民主与善治：转变中的中国政治 [M]. 北京：社会科学文献出版社，2003.

[101] 俞可平. 治理与善治 [M]. 北京：社会科学文献出版社，2000.

[102] 俞可平. 中国治理变迁 30 年 [M]. 北京：社会科学文献出版社，2008.

[103] 袁峰，顾铮铮，孙珏. 网络社会的政府与政治：网络技术在现

代社会中的政治效应分析 ［M］. 北京：北京大学出版社，2006.

［104］张成福，孙柏瑛. 社会变迁与政府创新：中国政府改革 30 年
［M］. 北京：中国人民大学出版社，2009.

［105］张康之. 寻找公共行政的伦理视角 ［M］. 北京：中国人民大学
出版社，2002.

［106］赵豪迈. 电子政务中政府模型与建模方法研究 ［M］. 北京：人
民出版社，2009.

［107］赵永伟，唐璨. 行政服务中心理论与实践 ［M］. 北京：企业管
理出版社，2006.

［108］中共中央马克思恩格斯列宁斯大林著作编译局. 马克思恩格斯
选集：第 2 卷 ［M］. 北京：人民出版社，1972.

［109］中国（海南）改革发展研究院. 中国公共服务体制：中央与地
方 ［M］. 北京：社会科学文献出版社，2006.

［110］中国大百科全书总编辑委员会《哲学》编辑委员会，中国大百
科全书出版社编辑部. 中国大百科全书：Ⅰ卷　哲学 ［M］. 北
京：中国大百科全书出版社，1987.

［111］周志忍. 当代国外行政改革比较研究 ［M］. 北京：国家行政学
院出版社，1999.

［112］朱国云. 组织理论历史与流派 ［M］. 南京：南京大学出版
社，1997.

［113］竹立家，等. 国外组织理论精选 ［M］. 北京：中共中央党校出
版社，1997.

［114］竺乾威，马国泉. 公共行政学经典文选 ［M］. 上海：复旦大学
出版社，2000.

［115］陈波，王浣尘. 电子政务建设与政府治理变革 ［J］. 国家行政

学院学报，2002（4）：23-25.

[116] 陈铭勋. 遏制腐败 建设高效 务实行政 树立新风：泉州市行政服务中心为八闽创标杆 [J]. 发展研究，2007（2）：27-30.

[117] 陈时兴. 行政服务中心对行政审批制度改革的机理分析 [J]. 中国行政管理，2006（4）：36-39.

[118] 陈世香. 西方行政价值研究的历史与现状综述 [J]. 政治学研究，2004（1）：115-119.

[119] 陈潭，陈芸. 互联网治理的公共议程与行动框架 [J]. 深圳大学学报（人文社会科学版），2019，36（5）：112-121.

[120] 陈潭，胡项连. 网络公共领域的成长 [J]. 华南师范大学学报（社会科学版），2014（4）：23-27，181.

[121] 陈潭，刘成. 大数据驱动社会科学研究的实践向度 [J]. 学术界，2017（7）：130-140.

[122] 陈潭，罗晓俊. 中国网络政治研究：进程与争鸣 [J]. 政治学研究，2011（4）：85-100.

[123] 陈潭，庞凯. 大数据战略实施的支撑系统与保障体系 [J]. 治理现代化研究，2019（4）：82-90.

[124] 陈潭，杨孟著. "互联网+"与"大数据×"驱动下国家治理的权力嬗变 [J]. 新疆师范大学学报（哲学社会科学版），2016，37（5）：105-111，2.

[125] 陈潭，杨孟著. 创新驱动发展：理论逻辑与实践图景 [J]. 广州大学学报（社会科学版），2016，15（8）：38-43.

[126] 陈潭. 大数据驱动社会治理的创新转向 [J]. 行政论坛，2016，23（6）：1-5.

［127］陈潭. 大数据战略实施的实践逻辑与行动框架［J］. 中共中央党校学报，2017，21（2）：19-26.

［128］陈潭. 第三方治理：理论范式与实践逻辑［J］. 政治学研究，2017（1）：90-98.

［129］陈潭. 多中心公共服务供给体系何以可能：第三方治理的理论基础与实践困境［J］. 学术前沿，2013（17）：22-29.

［130］陈潭. 运用大数据优化机构改革［N］. 中国社会科学报，2018-07-09（8）.

［131］陈潭. 政务大数据壁垒的生成与消解［J］. 求索，2016（12）：14-18.

［132］陈潭. 作为提升国家治理效能的"大数据×"［J］. 华中科技大学学报（社会科学版），2015，29（4）：7-8.

［133］陈伟. 困境与发展：行政服务中心发展趋势分析［J］. 理论与改革，2008（4）：84-87.

［134］陈翔. 地方行政服务中心的定位和方向［J］. 决策，2008（2）：80.

［135］陈振明. 从公共行政学、新公共行政学到公共管理学：西方政府管理研究领域的"范式"变化［J］. 政治学研究，1999（1）：82-91.

［136］陈振明. 评西方的"新公共管理"范式［J］. 中国社会科学，2000（6）：73-82.

［137］褚松燕. 行政服务机构建设与整体性政府的塑造［J］. 中国行政管理，2006（7）：48-51.

［138］丁煌. 当代西方公共行政理论的新发展：从新公共管理到新公共服务［J］. 广东行政学院学报，2005（6）：5-10.

[139] 丁煌. 西方企业家政府理论述评 [J]. 国外社会科学，1999
（6）：46-50.

[140] 董娟. 构建服务型政府下的行政服务中心：发展、问题与对策
[J]. 西北工业大学学报（社会科学版），2008（4）：51-
53，74.

[141] 董新宇，苏竣. 电子政务与政府流程再造：兼谈新公共管理
[J]. 公共管理学报，2004（4）：46-52.

[142] 段钢. 重建公共行政的思考：《黑堡宣言》首席作者万斯莱教授
访谈录 [J]. 中国行政管理，2002（10）：54-55.

[143] 段龙飞，毕瑞峰. 组织文化创新与我国行政服务中心建设研究
[J]. 中国行政管理，2006（8）：59-61.

[144] 段龙飞. 机制创新与我国行政服务中心建设研究 [J]. 中国行
政管理，2008（6）：52-55.

[145] 段龙飞. 论大部门体制建设中的本土化策略：来自我国行政服
务中心的经验 [J]. 经济体制改革，2008（6）：130-134.

[146] 弗里德里克森，陆玉林，李秀峰. 重塑政府运动与新公共行政
学之比较 [J]. 国家行政学院学报，2001（6）：88-92.

[147] 福山，曹义烜. 社会资本、公民社会与发展 [J]. 马克思主义
与现实，2003（2）：36-45.

[148] 傅广宛. 电子政务对无缝隙政府的二重性作用分析 [J]. 行政
论坛，2002（5）：10-12.

[149] 高小平. 服务型政府建设下一步怎么走 [J]. 理论参考，2006
（6）：34-35.

[150] 葛晓滨，汪海威. 行政服务中心计算机系统的规划与实施模式
[J]. 计算机系统应用，2002（2）：58-60.

［151］顾平安. 规范行政服务中心建设 统筹公共服务发展［J］. 国
家行政学院学报，2008（5）：32-34.

［152］韩永文. 行政管理体制改革：现状、问题与出路［J］. 理论视
野，2008（1）：18-20.

［153］胡军，盛军锋. 强制性、诱致性制度变迁及其他：兼论中国改
革方式的理论基础［J］. 南方经济，2002（9）：19-22.

［154］胡冕. 行政服务中心建设的组织行为学分析［J］. 市场周刊
（管理探索），2005（1）：154-156.

［155］胡仙芝. 关注与探索：行政服务机构的建设方略［J］. 中国行
政管理，2005（11）：9-12.

［156］黄晓春. 技术治理的运作机制研究：以上海市 L 街道一门式电
子政务中心为案例［J］. 社会，2010（4）：1-31.

［157］霍丽丽. 论我国服务型政府的构建［D］. 长春：东北师范大
学，2005.

［158］江红义，陶欢英. 行政服务中心：绩效、困境与走向［J］. 中
国行政管理，2007（3）：47-50.

［159］姜晓萍，唐冉熊. 完善行政服务中心深化审批制度改革［J］.
湖南社会科学，2004（2）：30-34.

［160］姜晓萍. 政府流程再造的基础理论与现实意义［J］. 中国行政
管理，2006（5）：37-41.

［161］金太军. 当代西方行政改革的"顾客"导向概述［J］. 世界经
济与政治论坛，1997（6）：54-55.

［162］金太军. 新公共管理：当代西方公共行政的新趋势［J］. 国外
社会科学，1997（5）：21-25.

［163］康特妮，霍哲，张梦中. 新公共行政：寻求社会公平与民主价

值［J］. 中国行政管理，2001（2）：43-46.

［164］李承，王运生. 当代公共行政的民主范式［J］. 政治学研究，2000（4）：45-54.

［165］李和林. 晋城市行政审批中心电子政务网络设计原则［J］. 科技情报开发与经济，2004（10）：249-250.

［166］李军鹏. 政府公共服务模式：国际比较与中国的选择［J］. 新视野，2004（6）：44-46.

［167］李维员，裴斐. 构建社会主义和谐社会与加强行政服务中心建设［J］. 新东方，2006（10）：19-22.

［168］李文钊，毛寿龙. 中国政府改革：基本逻辑与发展趋势［J］. 管理世界，2010（8）：44-58.

［169］林爱华. 公共部门战略选择与组织结构的关系分析［J］. 行政论坛，2005（3）：11-13.

［170］刘晓洋，郭静. 流动性公共管理：外来务工人员治理的广东经验［J］. 广州公共管理评论，2016（2）：230-247，354.

［171］刘晓洋，谭海波. 政府绩效管理：权力配置与模式选择——基于"控制权"的理论视角［J］. 学术研究，2013（5）：41-46，159.

［172］刘晓洋. 大数据环境下政府业务流程再造研究［J］. 广州公共管理评论，2016（1）：123-144，341.

［173］刘晓洋. 大数据驱动公共服务供给的变革向度［J］. 北京行政学院学报，2017（4）：73-79.

［174］刘晓洋. 人工智能重塑政务服务流程的认知逻辑与技术路径［J］. 电子政务，2019（11）：104-111.

［175］刘晓洋. 思维与技术：大数据支持下的政府流程再造［J］. 新

疆师范大学学报（哲学社会科学版），2016，37（2）：118-125.

[176] 刘晓洋. 政府部门绩效管理指标体系科学化问题研究［J］. 广州大学学报（社会科学版），2015（4）：41-47.

[177] 刘晓洋. 制度约束、技术优化与行政审批制度改革［J］. 中国行政管理，2016（6）：29-34.

[178] 刘远柱. 公民网络政治参与和政府管理创新［J］. 学习论坛，2008，24（9）：54-56.

[179] 麻宝斌. 中国公共行政改革面临的十重困境［J］. 吉林大学社会科学学报，2005（1）：152-160.

[180] 梅志罡. 新公共管理理论及其借鉴意义［J］. 行政论坛，2006（1）：5-8.

[181] 孟庆国. 政府2.0：电子政务服务创新的趋势［J］. 电子政务，2012（11）：2-7.

[182] 南京市行政学院课题组. 关于南京市政务超市（服务中心）的调查与思考［J］. 中共南京市委党校南京市行政学院学报，2005（1）：76-80.

[183] 潘迎春. 行政服务中心与政府管理方式创新：河南焦作市解放区社会服务中心实证研究［D］. 北京：中国社会科学院，2003.

[184] 潘迎春. 行政服务中心与政府治理创新：以焦作市解放区行政服务中心为例［J］. 理论月刊，2005（6）：94-96.

[185] 裴峰. 行政改革视野中的官僚制与新公共管理［J］. 上海交通大学学报（哲学社会科学版），2004（2）：23-26.

[186] 彭向刚. 论服务型政府的服务精神［J］. 社会科学战线，2007（3）：209-214.

[187] 齐百健. 网络政治参与问题及对策［J］. 党政干部学刊，2009

（2）：43-46.

[188] 齐冬梅. 体制创新是实现"一站式"服务的关键 [J]. 中国行政管理，2006（3）：47-49.

[189] 钱再见. 新公共管理对我国地方政府改革的启示：论"政府超市"在中国的兴起 [J]. 江西行政学院学报，2002（2）：2-4.

[190] 邵桂花. 我国行政体制改革与服务型政府建设 [J]. 党政干部学刊，2007（3）：36-37.

[191] 佘建国，孟伟. 建立跨部门联办机制 提高政府行政能力：以北京市怀柔区行政服务中心为例 [J]. 中国行政管理，2006（2）：31-33.

[192] 社科院课题组. 行政服务中心仍需改进 [J]. 政府法制，2002（7）：8.

[193] 沈荣华，杨国栋. 论"一站式"服务方式与行政体制改革 [J]. 中国行政管理，2006（10）：27-30.

[194] 石佑启. 行政三分制：再造政府的有益探索 [J]. 学习月刊，2004（4）：32-33.

[195] 四川省政府研究室调查组. 对绵阳市行政服务中心的调查 [J]. 四川行政学院学报，2001（2）：25-29.

[196] 谭海波，孟庆国，张楠. 信息技术应用中的政府运作机制研究：以 J 市政府网上行政服务系统建设为例 [J]. 社会学研究，2015（6）：73-98，243-244.

[197] 谭海波. 地方行政服务机构的运作机制及其逻辑：广东省 J 市行政服务中心的个案考察（1997—2011）[J]. 公共管理学报，2012（4）：39-54，124-125.

[198] 唐铁汉，李军鹏. 加快行政管理体制改革的战略思考 [J]. 国

家行政学院学报，2007（6）：11-16.

[199] 万斯莱，段钢. 公共行政与治理过程：转变美国的政治对话 [J]. 中国行政管理，2002（2）：26-29.

[200] 汪伟全. 中国地方政府竞争：从产品、要素转向制度环境 [J]. 南京社会科学，2004（7）：56-61.

[201] 王华. 治理中的伙伴关系：政府与非政府组织间的合作 [J]. 云南社会科学，2003（3）：25-28.

[202] 王丽丽，徐军田. 服务型政府内涵探析 [J]. 前沿，2007（2）：128-130.

[203] 王胜君，丁云龙. 行政服务中心的缺陷、扩张及其演化：一个行政流程再造视角的经验研究 [J]. 公共管理学报，2010（4）：24-30.

[204] 王运生. 当代民主行政的价值、构架与生态环境 [J]. 中国行政管理，2000（6）：50-53.

[205] 魏娜. 公民参与下的民主行政 [J]. 国家行政学院学报，2002（3）：19-22.

[206] 吴爱明，孙垂江. 我国公共行政服务中心的困境与发展 [J]. 中国行政管理，2004（9）：60-65.

[207] 吴杰. 行政服务中心的困境与出路：基于泉州市的实证分析 [D]. 厦门：厦门大学，2009.

[208] 吴志华. 试论政府适度仿企业化 [J]. 华东师范大学学报（哲学社会科学版），2000（2）：106-111.

[209] 武媛. 我国行政服务中心发展中的困境及对策研究 [J]. 山东社会科学，2009（S1）：44-46.

[210] 肖陆军. 论服务型政府建设 [J]. 云南社会科学，2005（2）：

7-12.

[211] 休斯，沈卫裕. 新公共管理的现状 [J]. 中国人民大学学报，2002（6）：8-16.

[212] 徐瑛，陈秀山，刘凤良. 中国技术进步贡献率的度量与分解 [J]. 经济研究，2006（8）：93-103，128.

[213] 徐勇. 现代国家建构中的非均衡性和自主性分析 [J]. 华中师范大学学报（人文社会科学版），2003（9）：97-103.

[214] 杨国鹏. 我国公共服务型政府建设问题研究综述 [J]. 中州学刊，2006（2）：9-14.

[215] 杨静文. 我国政务中心制度创新扩散实证分析 [J]. 中国行政管理，2006（6）：41-44.

[216] 杨树人. 论行政审批"一站式服务体制"[J]. 四川行政学院学报，2002（5）：14-17.

[217] 叶海平，唐华英. 论构建公共服务型政府的理论定位和改革趋势 [J]. 江西行政学院学报，2006（3）：5-8.

[218] 抑扬. 杜拉克谈企管"观念革命"[J]. 中外管理，1999（2）：19.

[219] 俞可平. 地方改革新绿：拓展地方改革空间 [J]. 中国改革，2012（3）：8-13.

[220] 郁建兴，刘大志. 治理理论的现代性与后现代性 [J]. 浙江大学学报（人文社会科学版），2003（2）：5-13.

[221] 郁建兴，吴国骅. 新公共管理运动与官僚制 [J]. 教学与研究，2003（9）：15-20.

[222] 喻柔涓. 我国行政服务中心建设的组织社会学反思 [J]. 社会科学论坛（学术研究卷），2008（5）：49-52.

[223] 张成福. 公共行政的管理主义：反思和批判 [J]. 中国人民大

学学报，2001（1）：15-21.

[224] 张成福. 面向 21 世纪的中国政府再造：基本战略的选择 [J].
教学与研究，1999（7）：4-10，79.

[225] 张二峰，徐宏兰. 行政服务中心文件信息检索系统的设计及实
现 [J]. 航空计算技术，2003（3）：56-58.

[226] 张国庆. 公共行政的典范革命及其启示 [J]. 北京大学学报
（哲学社会科学版），2000，37（5）：81-89.

[227] 张红艳. 转型期我国公共行政范式选择：官僚制的建构与超越
[J]. 甘肃行政学院学报，2003（1）：61-63.

[228] 张建明. 行政服务中心法律问题研究 [J]. 法治研究，2009
（2）：40-44.

[229] 张康之. 公共管理：社会治理中的一场革命（中）[J]. 北京行
政学院学报，2004（2）：1-3.

[230] 张康之. 论官僚制的实践困境 [J]. 云南行政学院学报，2001
（6）：4-8.

[231] 张康之. 论统治视角中的官僚制 [J]. 北京行政学院学报，
2002（1）：13-18.

[232] 张康之. 论政府的非管理化：关于"新公共管理"的趋势预测
[J]. 教学与研究，2000（7）：31-37.

[233] 赵定涛，卢正刚. 我国行政服务中心存在的问题及其对策研究
[J]. 行政论坛，2004（2）：21-23.

[234] 赵玉林，夏劲，李振溅，等. 中国科技五十年：成就、经验和
规律 [J]. 科技进步与对策，1999（5）：7-20.

[235] 郑恒峰. 服务行政视野下的我国行政服务中心建设 [J]. 安徽
农业大学学报（社会科学版），2008（2）：43-47.

[236] 仲崇东. 十六大以来行政管理体制改革理论体系的新发展 [J].
政治学研究，2007（3）：44-51.

[237] 竹立家. 公共服务与全球化 [J]. 中国行政管理，2004（5）：
64-65.

[238] 竺乾威，吴春成. 公共行政的后官僚模式分析 [J]. 公共行政
与人力资源，2003（4）：26-29.

[239] 竺乾威. 从行政到管理：西方公共行政范式的变化 [J]. 公共
行政与人力资源，2001（1）：8-13.

[240] 庄杰，罗璇. 网络治理的特征探析 [J]. 领导科学，2010（9）：
15-16.

[241] DROR Y. The capacity to govern：a report to the club of Rome
[M]. London：Frank Cass Publishers，2002.

[242] LENK K. Electronic service delivery：a driver of public sector moderni-
zation [J]. Information polity，2002（7）：87-96.

附 录

附录1 佛山市投资环境和行政服务企业满意度测评的调查问卷

尊敬的女士/先生：

您好！非常感谢您在百忙之中阅读和填写此问卷！

为进一步加大我市优化投资环境工作力度，切实转变工作作风，提高办事效率，积极营造一个更为优质、高效、便捷的投资环境，更好地为在我市投资的企业服务，我们受佛山市人民政府行政服务中心委托作为第三方组织和展开了本次测评调查。您的客观、真实的意见表达将有助于我们收集有价值的信息和资料，并就此向市委、市政府提交相关的决策建议，进而有针对性地开展改善投资环境、优化行政服务的整治工作，从而更加有利于您企业的发展。

请您把最真实的想法、意见和建议填写在我们的问卷上。所得的资料仅做分析研究之用，我们对您所提供的资料绝对保密，敬请放心填答。非常感谢您的协助与支持！

敬祝您工作顺利，健康快乐，万事如意！

华南师范大学南海校区社会调查研究中心

填答说明：以下各部分请您根据题意在您认为合适的选项上或适当的方框内打"√"，在括号内的"_____"上填写您认为合适的内容。除特别注明多选外，一般为单选。

第一部分：基本资料

1. 您企业所属的区域：

A. 禅城　B. 南海　C. 三水　D. 高明　E. 市直

2. 您企业的性质：

A. 国有　B. 民营　C. 外资　D. 中外合资　E. 中外合作

3. 您企业所属的行业：

A. 家用电器　B. 装备制造　C. 陶瓷建材　D. 金属制品

E. 生物医药　F. 石油化工　G. 交通运输　H. 信息产业

I. 机械机电　J. 轻工食品　K. 纺织服装　L. 电子电工

M. 塑料制品　N. 新材料产业　O. 现代服务业

P. 新能源产业　Q. 光电产业　R. 环保绿化　S. 旅游休闲

T. 办公文教　U. 食品饮料　V. 玩具礼品　W. 家居用品

X. 体育用品　Y. 家具家装　Z. 金融保险

4. 您企业的投资规模：

A. 100 万元以下　B. 100 万元（不含）~500 万元（含）

C. 500 万元（不含）~1000 万元（含）

D. 1000 万元（不含）~1 亿元（不含）　E. 1 亿元及以上

5. 请问您企业的名称：_____

您所在部门：_____　您的职位：_____

您的联系方式：_____

第二部分：总体评价

6. 您认为近几年我市投资环境的变化趋势如何：

A. 有明显改善　B. 有改善，但仍不令人满意　C. 没什么变化

D. 有变坏的趋势　E. 明显恶化

7. 您的企业今后在我市的投资规模将：

A. 进一步加大　B. 保持不变　C. 不断缩小

8. 您认为在我市投资的成本如何：（本题选 A、B 的请接第 9 题，否则请跳过第 9 题）

A. 很高　B. 较高　C. 一般　D. 较低　E. 很低

9. 如认为投资成本较高，您认为主要原因是：（可多选）

A. 税收较高　B. 行政收费高　C. 土地成本高

D. 公共事业收费高　E. 行政处罚过多

F. 其他（请注明：＿＿＿＿＿＿＿＿＿＿＿＿＿＿＿＿＿＿＿）

10. 您认为我市当前投资软环境中存在的主要问题是：（可多选）

A. 开放意识不强，改革措施不到位　B. 政策法规不配套

C. 政府行政管理效能低下　D. 行政管理部门不依法行政

E. 基层执法人员素质低，作风差　F. 审批办事手续烦琐

G. 司法不公，有法不依　H. 企业营运成本较高

I. 产业配套能力薄弱　J. 人才资源缺乏

K. 社会信用度低　L. 其他（请注明：＿＿＿＿＿＿＿＿＿＿＿）

第三部分：政策环境

11. 您对国家、省、市、区出台的有关促进外资或民营经济发展的优惠政策的了解情况：

A. 很好　B. 较好　C. 一般　D. 较差　E. 不了解

12. 您对我市以下政策方面的满意程度是：

政策	非常不满意	不满意	一般	比较满意	非常满意
税收优惠政策					
财政优惠政策					
科技扶持及资助政策					
行业扶持政策					
人才引进与劳动用工政策					
土地政策					
外贸政策					
社会保障政策					
知识产权保护政策					

13. 您认为我市政策环境目前存在的主要问题有：（可多选）

A. 优惠政策兑现和落实不够　B. 政策与法规的连续性不够

C. 政策的公平性不够　D. 政策的创新性不够

E. 新旧政策相互矛盾或抵触　F. 政策执行的随意性太大

G. 其他（请注明：_____）

第四部分：法治环境

14. 您对国家、省、市、区出台的有关促进外资或民营经济发展的法律、法规的了解情况：

A. 很好　B. 较好　C. 一般　D. 较差　E. 不了解

15. 您在政府部门办事的过程中感受到的相关法律、法规相互矛盾或抵触的情况：

A. 很多　B. 较多　C. 较少　D. 没有　E. 不了解

16. 您认为我市法治环境目前存在的主要问题有：（可多选）

A. 不依法或违法办案　B. 地方保护主义严重　C. 投诉无门

D. 司法人员水平低、素质差　E. 办案程序不规范、不公开

F．贪污腐化，办人情案　G．地方政府、领导及关系人干预办案

H．法院判决或仲裁结果得不到有效执行　I．其他（请注明：＿＿＿＿）

17．您认为我市各级政府部门依法行政、执行法律法规的总体情况如何：

A．很好　B．比较好　C．一般　D．不太好　E．很不好

第五部分：行政环境

18．您对我市进驻到行政服务中心的服务部门下列几个方面的满意度如何：

服务方面	非常不满意	不满意	一般	比较满意	非常满意
行政效率					
服务质量					
工作人员业务素质					
工作人员职业道德					
政务公开透明度					
依法行政与规范管理					
政府部门收费罚款情况					

19．您对我市没有进驻到行政服务中心的服务部门下列几个方面的满意度如何：

服务方面	非常不满意	不满意	一般	比较满意	非常满意
行政效率					
服务质量					
工作人员业务素质					
工作人员职业道德					
行政审批程序					
政务公开透明度					
依法行政与规范管理					
政府部门收费罚款情况					

20. 您到我市相关行政服务部门办理公务的过程中对其行政审批流程下列情况的认同程度：

行政服务部门的 行政审批流程	非常不认同	不认同	无所谓	较为认同	非常认同
需要重复提交基本资料					
串联审批过多， 并联审批过少					
审评流程不够规范化					
审批环节太多					
审批内容烦琐					
审批程序不合理					
审批时限过长					

21. 您对我市下列行政服务部门和公共事业单位服务的总体评价如何：

服务部门	非常不满意	不满意	一般	比较满意	非常满意
外经贸部门					
财政部门					
土地规划部门					
环保管理部门					
社会保障部门					
技术监督部门					
工商管理部门					
税务部门					
外汇管理部门					
海关部门					
电力部门					
电信部门					

22. 在企业经营过程中，您认为我市行政执法部门是否存在以下现象：

行政执法部门可能存在的现象	不了解	没有	很少	较多	很多
强行向企业拉赞助、拉捐助、收会费等搭车 收费现象					

行政执法部门可能存在的现象	不了解	没有	很少	较多	很多
强制企业加入各种协会、学会、研究会等社团组织					
要求、强迫或变相强迫企业接受其所属中介机构的代理服务					

23. 您认为我市行政执法部门存在的主要问题是：（可多选）

A. 政务不公开，搞暗箱操作

B. 工作人员素质低、态度差、执法方式粗暴生硬

C. 行政执法不透明、不规范　D. 多头检查、频繁检查

E. 乱摊派、乱收费、乱罚款　F. 不严格依法行政

G. 工作人员以权谋私，索拿卡要报酬　H. 推诿扯皮，效率低下

I. 只有收费、检查、处罚时才见到人，企业有困难时却坐视不管

J. 其他（请注明：＿＿＿＿＿＿＿＿＿＿＿＿＿＿＿＿＿＿＿＿）

第六部分：市场环境

24. 您认为我市对市场环境监督力度如何：

A. 满意　B. 基本满意　C. 不满意

25. 您认为我市市场是否存在准入壁垒：

A. 有，门槛较高　B. 有，但门槛较低　C. 没有

26. 您认为造成我市市场准入壁垒的主要动因是：

A. 行政干预　B. 市场规律　C. 不了解

27. 您对我市社会上哪方面的信用环境感到最不满意：

A. 行政信用　　　B. 企业信用　　　C. 个人信用

D. 其他（请注明：＿＿＿＿＿＿＿＿＿＿＿＿＿＿＿＿＿＿＿＿）

28. 您认为在市场秩序方面我市存在的突出问题是：（可多选）

A. 假冒伪劣商品太多，冲击企业产品销售

B. 信用观念淡薄，普遍不讲信誉、不守合同

C. 同行业恶性竞争严重

D. 销售货款拖欠严重，严重影响企业资金周转额

E. 其他（请注明：＿＿＿＿＿＿＿＿＿＿＿＿＿＿＿＿＿＿＿）

第七部分：配套环境

29. 您对我市金融部门对企业发展支持的满意程度：

A. 非常满意　B. 比较满意　C. 一般　D. 不满意　E. 非常不满意

30. 您认为我市配套服务方面对企业影响较大的问题是：（可多选）

A. 社会中介服务体系很不健全

B. 企业融资非常困难、受到很大限制

C. 零部件本地配套难

D. 水、电、运输等企业外部生产条件不能满足需要

E. 仓储、物流、通关设施不能适应企业需要

F. 其他（请注明：＿＿＿＿＿＿＿＿＿＿＿＿＿＿＿＿＿＿＿）

31. 您对我市配套服务环境对企业的生产经营影响的总体评价是：

A. 十分有利　B. 比较有利　C. 基本有利　D. 不利　E. 十分不利

第八部分：人文环境

32. 您对我市人文环境下列方面的满意度如何：

人文环境	非常不满意	不满意	一般	比较满意	非常满意
社会治安状况					
医疗卫生条件					
交通旅游条件					
生态居住环境					
文化体育设施					

人文环境	非常不满意	不满意	一般	比较满意	非常满意
饮食娱乐设施					
新闻媒体状况					

第九部分：开放性问题

33. 您对佛山市投资环境和行政服务还有哪些看法、意见和建议？

（＿＿＿＿＿＿＿＿＿＿＿＿＿＿＿＿＿＿＿＿＿＿＿＿＿＿＿＿＿

＿＿＿＿＿＿＿＿＿＿＿＿＿＿＿＿＿＿＿＿＿＿＿＿＿＿＿＿＿＿＿＿

＿＿＿＿＿＿＿＿＿＿＿＿＿＿＿＿＿＿＿＿＿＿＿＿＿＿＿＿＿）

请检查您是否遗漏了更为宝贵的意见和建议，再次感谢您的协助与支持！

附录2 佛山市改善投资环境、优化行政服务调查的访谈提纲（政府部门版）

本访谈提纲适用于市/区和部分镇的行政服务中心、市/区经贸局、对外经贸局、投资服务中心、市/区工商局，市区科技园、工业园、开发区管理局。

一、收集贵单位近三年的工作计划和工作总结。近三年贵单位及工作人员受到上级表彰、收到企业欢迎信或感谢信的记录或受到上级批评、收到企业投诉的记录。

二、贵单位感觉到我市/区企业在企业设立和经营过程中的贵单位相关法律法规和政策的获取途径是否畅通？企业（特别是民营企业和外资企业）主要通过哪些途径获取这些法律法规？在为企业服务和行政执法的过程中，有没有感到有些法律法规相互矛盾甚至抵触的现象，具体是哪些法律法规？能否举例说明？

三、贵单位的行政审批服务部门有没有进驻行政服务中心？进驻到行政服务中心或没有进驻到行政服务中心是基于什么考虑？有没有进驻行政服务中心的计划？能否概要介绍一下贵单位的行政审批服务部门的服务意识、服务态度、服务质量和服务效率怎样？能否举例说明？

四、贵单位在改善投资环境、为企业服务方面，总体感觉哪些事项的服务很到位？哪些事项的服务还有待改进？贵单位在审批流程方面哪些事项的环节比较多，内容比较烦琐，时限比较长？贵单位的审批事项是串联审批的多，还是参与并联审批的多？能否举例说明？贵单位在审批流程改革方面还有哪些进一步改进的计划？

五、贵单位在为改善投资环境和为企业服务和排忧解难方面进行了哪些制度创新，具体有哪些新的举措和做法？能否举例说明？

六、大部制改革后，贵单位在为改善投资环境和为企业行政审批服务特别是需要与其他行政部门配合进行并联审批的过程中感觉存在哪些不顺和障碍，您对此有何想法、建议和意见？能否举例说明？

七、您认为当前影响和制约我市/区投资软环境的突出问题有哪些？您从贵单位的角度来看还有哪些意见和建议？

附录3 佛山市改善投资环境、优化行政服务调查的访谈提纲（企业版）

一、您认为我市/区与其他地级市/区（您选择的比较城市/区：__
_____）相比，投资环境总体如何？贵企业是通过什么途径获取政府优惠和扶持政策信息的？哪些优惠和扶持政策落实得较好，哪些优惠和扶持政策落实得较差？请举例说明。

二、您熟悉我市/区在企业设立和经营过程中的相关法律法规吗？您是通过什么途径获取这些法律法规的？有没有法律法规相互矛盾甚至抵触的现象，具体是哪些法律法规？请举例说明。

三、您在企业设立和经营过程中到过哪些行政服务部门办理过哪些事？哪些是没有进驻到行政服务中心的服务部门？哪些是已经进驻到行政服务中心的服务部门？二者在服务意识、服务态度、服务质量和服务效率方面有哪些不同？您认为在审批流程方面哪些部门的环节过多，内容烦琐，时限较长？请举例说明。

四、您在我市/区投资、建设、办理有关手续或在部门、单位办事的过程中，受到阻碍的是哪些部门和单位？遇到的主要困难在什么环节？

五、您认为我市/区在改善投资环境、为企业服务方面，哪些部门哪些事项的服务还不够？

六、贵企业每年参加各级各部门的评比有多少次？内容涉及哪些？您认为哪些是必要的？您认为哪些是不必要的？请举例说明。

七、贵企业每年接受行政执法的罚款有多少项？行政执法单位在罚款时，是否出示了执法证？（□有　□无）有正规的罚款单吗？（□有　□无）您认为哪些是乱罚款？去的最多的部门是哪些部门？

八、在您与我市/区行政服务部门的交往中，是否遇到多个部门推诿扯皮、效率低下的情况？如果有，是哪些部门？您认为他们推诿的理由是什么？请举例说明。

九、您认为企业在经营发展中遇到的最大问题是什么？是税费过重还是融资比较难？是政府部门办事效率低还是获取优惠政策信息难？是土地问题还是市场环境不好？是产业配套不够还是权威的中介服务少？

十、您认为政府行政服务部门还应该帮助您解决哪些现存的问题？请举例说明。

十一、您认为当前影响和制约我市/区投资软环境的突出问题有哪些？您对目前投资企业在我市发展过程中的问题还有哪些意见和建议？

后　记

　　从面朝大海的南国鹏城，到绿意融融的珞珈山麓，再到偏隅一方的南海狮山，在滚滚人流和车流的喧嚣中，我奔忙于"学习—科研—教学"三点一线的生活。当完成本书最后一次校稿时，我的心中突然有一种凤凰涅槃、浴火重生的感觉——疲惫与轻松俱在，痛苦与欣慰交织。本书虽然在博士论文的基础上数易其稿，然在即将付梓之际，仍使我有些惴惴不安的是，案例研究可能仍不够经典，对于案例背后的理论提升可能也不够到位，甚至有些分析研究已经落后于急速的变革，我担心本书难以承载各位老师和自己当初对它的希冀与期待。然而，作为我十几年学习与思考、研究和探索的最终积淀，本书虽然不可避免地存在一些瑕疵，但其中的启发性思考，让我对它就像对待自己孩子那般如获至宝地珍爱着，并在心中升腾起一种对在我撰写、修改和出版本书过程中给予我种种关心、帮助和支持的老师、同学、同事、朋友和亲人的深深谢意。

　　首先我要深深地感谢我的博士生导师——武汉大学政治与公共管理学院的吴湘玲教授。她那慈母般的宽厚仁爱和严谨的治学精神使我如沐春风，并不断地启发、感染和激励我奋然前行。从考博到读博，从专业课学习到博士论文撰写再到本书修改出版，吴老师在思想上对我的鼓励和鞭策，在学习上对我的指导和帮助，在研究上对我的激励和启发，我将终生铭记。在本书的撰写过程中，从立意调查到资料收集，从写作方式到布局谋篇，从选题修改到最后定稿，也都凝聚了吴老师大量的心血。本书出版之际，千言万语，师恩难忘。唯有以今后的加倍努力回报恩师的栽培和提携。

在武汉大学政治与公共管理学院度过的四年是我人生中最重要、最难忘的一段经历，我愿以本书的出版向曾经关心、照顾、支持和教导我的各位恩师致以诚挚的谢意。感谢武汉大学政治与公共管理学院的李和中教授、丁煌教授、陈广胜教授、刘家真教授等老师在百忙之中给我受益匪浅的指导和教诲，为本书的修改提出了非常中肯和有益的意见与建议。

本书的顺利出版，还要特别感谢华中科技大学社会学院吴毅教授的悉心指点和暨南大学侨乡治理与乡村振兴研究院刘义强教授的鼎力帮助。另外，我所在工作单位的领导吴剑丽院长、员巧云副院长、柴少明副院长、庄慧娟副院长、邓慧副院长特意减轻了我读博期间的工作量，让我有足够的时间和精力撰写、修改和出版本书，并资助了本书的出版；李少育教授、张军教授、杨干生副教授、郝新东副教授、李诗田副教授、饶小敏副教授、周丽婷副教授、孟捷博士、李晓春博士、何佳宁博士、陈蕊博士、陈莹博士、叶辉华博士、周利华老师、梁润冰老师、姜辉老师等同事也给予我很大的鼓励和支持；杨干生副教授、郝新东副教授、饶小敏副教授、周利华老师等与我在佛山市横向课题的研究中建立了团结、友好、和谐的团队合作关系；在本书出版之际一并致谢，祝他们事业有成，家庭美满幸福！

在此，我还要特别感谢佛山市人民政府行政服务中心、南海区行政服务中心和禅城区行政服务中心的诸多领导，他们在我们进行课题调研时给予了极大的支持，也为本书数据资料的收集提供了诸多的便利。感谢知识产权出版社的韩冰编辑，她认真负责的态度深深地感染着我，感谢编辑团队为本书顺利出版付出的辛苦和努力！

最后，我要深深地感谢我的妻子蔡一丹女士，多年来，她和我的岳父及患病的岳母默默无闻地承担了所有的家务劳动和抚养女儿的重担；我年迈的父母在遥远的家乡对我默默关怀和坚定支持也给我莫大的鼓励。没有他们无私的关心和帮助，我几乎难以如期完成本书的撰写、修改和出版。我只有以加倍的努力和更大的成就来回报他们的恩情！女儿杨舒田的乖巧可爱和欢声笑语也给我辛苦的科研和写作带来了意想不到的欣喜和快乐，没有过多的时间陪她，给予她更多的父爱，又常使我愧疚难当。祝愿她茁壮成长，一生幸福平安！

在本书定稿时，行政服务机构建设的实践也在不断推陈出新。对于我从事的地方治理和行政服务机构建设方面的问题研究而言，本书只是一个尝试性的开始。相对于日益丰富的行政服务机构改革创新实践，本书的研究难免挂一漏万，希望随着后续研究的不断深入，我能够深化对地方治理和行政服务机构建设方面的问题认识，尽力修正本书中的瑕疵和缺陷。在此，敬请专家和同仁不吝赐教。

是为后记。

杨俊凯 2024 年 8 月

谨记于佛山南海狮山